KB189030

이승철과
나

도전(Trial)이라는 선물

시련(Error)이라는 열매

부활(Born again)이라는 역사

이승철과 나

브라보 마이 라이프

그 시절 노래들과 함께

임요세프 지음

bs

차례

이승철과 나

언제나 당신이 옳다

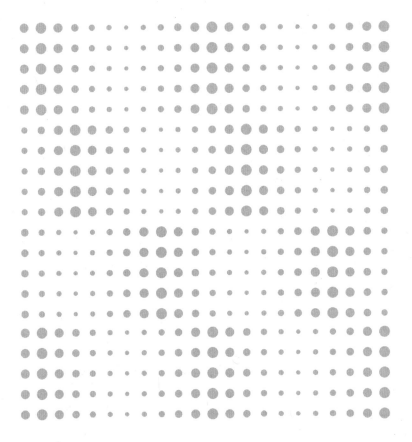

가수 이승철이 매스컴에 자주 등장한다. 《돌싱포맨》에도 나오고, 개그맨 김대희의 유튜브 채널, 박명수가 진행하는 라디오에도 출연했다. 데뷔 39년 차 베테랑, 이른바 라이브의 황제도 걱정이 이만저만 아닌 듯하다. 절친한 후배 싸이와 성시경의 공연은 별다른 홍보 없이도 티켓 오픈과 동시에 매진이라던데, 10년 차이가 크긴 큰가 보다. 하지만 그런 생각도 잠시, 1985년 그가 처음 그룹 '부활'의 보컬로 데뷔했을 당시, 초등학생이었던 내가 벌써 마흔 중반을 넘었으니, 여전히 활약 중인 그의 꾸준함이 새삼 대단하다는 생각이다. 몇 년 만에 다시 시작하는 콘서트 티켓이 안 팔릴까 봐, 직접 이곳저곳 출연을 요청한다는 그의 너스레도, 실은 자신감의 표현이 아닐까 싶다.

과거의 영광에 사로잡혀 허구한 날 옛날의 인기, 지난 히트곡, 라테 타령을 해 봐야 무슨 소용이겠는가. 이제 콘서트가 아니라, 디너쇼를 할 나이 아니냐는 우스갯소리, 아니 뼈 있는 농담에도, 그는 저녁 7시에 콘서트장에서 노래하면 그게 바로 디너쇼 아니겠느냐는 대답으로 여전한 패기, 자신감을 드러낸다. 나이가 들어감에 따른 자연스러운 가창 기량의 퇴색, 인간 이승철에 대한 다양한 평가, 티켓 파워의 하락 등을 그가 스스로 모를 리 만무하다. 그럼에도 불구하고, 50대 후반의 이승철은 계속 신곡을 발표하고, 콘서트를 연다.

그가 동년배인 신승훈, 김건모처럼 한 시대를 풍미한 적은 없다. 이문세처럼 만인이 좋아하고, 안티(Anti)가 없는 국민가수라고 하기도 애매하다. 작곡, 악기 연주 등에 능한 전천후 뮤지션 또는 싱어송라이터라고 부르기도 어렵다. 하지만 지금도 그는 서른 살 어린 악동뮤지션 찬혁에게 먼저 찾아가 곡을 부탁하고, 창작자의 지도를 받아 노래를 부른다. 그런 모습이 어색하지도 않다. 이러쿵

저러쿵 말은 많아도, 39년 차 가수 이승철은 현재 진행형이다. 그가 당대의 라이벌들보다 높은 평가를 받는 이유다. 한 번도 최고였던 적 없는데, 39년을 계속하니, 최고가 됐다. 꾸준함이 최고의 덕목이다.

　지금까지 총 2,000번이 넘는 공연을 해 온 이승철 콘서트의 백미(白眉)는 뭐니 뭐니 해도 2010년 6월 잠실 종합운동장에서 열린, 데뷔 25주년 기념 콘서트 《오케스트樂》이다. 이 공연은 그해 추석 MBC에서 특별 편성으로 공연 실황을 방송할 만큼 기념비적이었다. 총 5만 명의 관객이 들었다고 하니, 가수 이승철의 경력에 있어 하이라이트라 할 만하다. 2002년 재결합한 '부활'이 해체한 이후에도, 그는 2004년 발표한 정규 7집 《긴 하루》, 드라마 불새의 OST 〈인연〉, 영화 《슬픔보다 더 슬픈 이야기》의 OST 〈그런 사람 또 없습니다〉, 2006년 정규 8집 앨범 《소리쳐》로 연이어 큰 사랑을 받기도 했다.

　하지만 세상은 '영원한 가왕' 같은 고정불변의 남사스러운 수식어를 쉽게 허락하지 않는다. 인기는 거품 같고, 유행은 계속 변하기 마련이다. 2007년 발표한 정규 9집 《색깔 속의 비밀 2》, 10집 《뮤토피아》, 2010년 초 발표한 25주년 기념 앨범 등은 예전만큼 호응받지 못했다. 그럼에도, 그는 호기롭게 데뷔 25주년 콘서트를 강행해 잠실주경기장을 관객으로 가득 메웠다. 당시 공연은 60인조의 오케스트라, 약 200명의 스태프와 3D 무대 특수효과 등 규모와 음향 면에서 이승철 공연 사상 최대 규모로 펼쳐졌다. 공연은 화려하고 웅장하면서도, 섬세하고 감동적이었다. 먼 좌석의 관객들까지 고려한 음향 덕분에 시종일관 생생하게 공연을 즐길 수 있었다. 어린아이부터 장년층까지 고른 연령층의 관객들이 한데 어우러진 것도 특별한 경험이었다.

그의 공연은 게스트가 없는 걸로 유명하다. 조용필의 콘서트에서 영향을 받은 것이라 했다. 단 한 명의 가수가 오롯이 2시간 이상을 이끌어 간다는 건 보통 일이 아니다. 처음으로 공연을 관람하는 사람이 많기에 대중적인 히트곡이 많아야 함은 물론이고, 지치지 않는 체력과 흔들림 없는 가창력 등도 필수적으로 요구된다. 무엇보다도, 혼자서 스포트라이트를 감당해 낼 수 있는 자신감이 필요하다. 애초, 그 큰 잠실벌을 공연장으로 선택한 것부터 일종의 모험이라고 볼 수 있는데, 달리 생각해 보면, 그런 대규모 공연을 추진한다는 일 자체가 자신감의 표출이라고 볼 수 있다. 그는 확실히 자기 인생의 주인공으로 살아간다. 공연에서도 수십억의 제작비가 오로지 한 명의 가수만을 보고 투여됐다. 수백 명의 공연 스태프들도 오직 한 사람에게 의지한 채 열정을 불사른다. 공연 진행에 따른 수익 배분 구조가 어떤지는 잘 모르겠지만, 가수 본인이 누구보다 큰 부담감과 책임감을 느낄 수밖에 없을 테다.

지금껏 살면서 특별히 인생 모험이라 부를 만한 일을 해 본 적이 없다. 지금도 누군가 내게 10억 원을 투자할 테니, 신규 프로젝트를 진행해 보라 한다면, 그 자리에서 거절할 가능성이 크다. 겁이 나서 피해 다닐지도 모른다. 일상의 단조로움을 벗어나고 싶다는 욕구가 생기다가도, 막상 어떤 기회가 오거나 과감한 결정을 내려야 할 때가 오면, 우린 대부분 일상 속으로 다시 숨어 버리고 만다. 결국, 그저 똑같은 일만 반복하면서 살 수밖에 없게 된다. 용기를 내고, 규칙에서 벗어나 다른 방식의 삶을 적극적으로 생각해 보아야 한다.

프랑스의 지성 자크 아탈리는 저서 《언제나 당신이 옳다》에서 '자기 자신 되기'의 중요성을 언급하면서, 지금 당장 인생의 주인이 되라고 설파했다. 순응적인 태도와 이념과 윤리 등 모든 종류의 결정론에서 해방되어 직접 팔을 걷어붙이고, 자신의 목소리에 귀를 기울여 행동할 용기를 가지라고 조언한다. 좋은 삶이란 끊임없이 자신의 참모습을 찾고, 계속해서 자기의 참된 모습을 발견하는 것이다. 자크 아탈리는 구체적인 자기 자신 되기의 방법을 제안한다. 실업자라면 구인 공고를 기다리고 있지만 말고 직접 창업하기, 따분하게 자신을 소외시키고 있는 월급쟁이라면 일을 더 재미있고 창의적으로 수행할 수 있는 새로운 방법을 궁리해 보거나, 자신의 회사 창업하기를 제안한다. 취미생활을 직업으로 발전시키는 것도 좋다.

이 세상에는 체념하고, 요구만 하는 사람들이 많다. 자발적으로 행동하고, 체념하지 않는 사람들의 수가 많아져야 세상이 진보한다. 사회적으로도 더 많은 에너지가 방출되어야 부가가치도 창출되고, 경제가 활력을 되찾을 것이다. 우리 스스로가 용기를 내고, 자기 인생의 주인공이 되려는 노력을 다할 때 체념의 분위기가 팽

배한 이 세상을 바꿀 수 있을 것이다. 기댈 곳은 자기 자신뿐이다. 너무 늦은 시작이라는 것도 없다. 5만 명의 관객들에게 아프리카 우물 짓기 프로젝트를 설명하고, 동참을 호소하는 건 용기다. 가끔은 맨발로도 무대에 오르고, 진한 스모키 화장을 한 채 노래 부를 수 있는 것도, 결국은 자기가 인생의 주인공이기에 가능한 일이다. 25주년《오케스트樂》공연이 오랜 세월이 흘러도 뇌리에 계속 남아있는 이유다.

언제나, 행동하는 당신이 옳다.

1장
찬란한
유산

1985

1990

성공은 운이다
(Feat. 신해철)

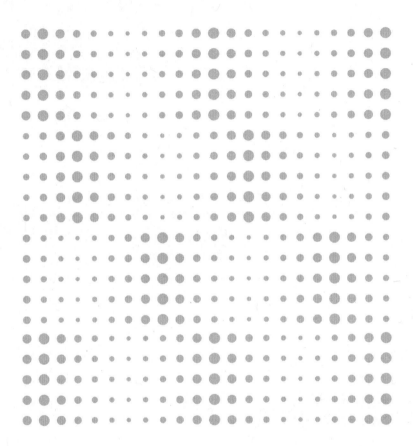

희야 (1986)

1986년 10월 발표된 부활 1집 앨범 《Rock Will Never Die》의 첫 번째 트랙. 싱어송라이터 양홍
섭이 작사, 작곡한 곡으로 대중에 공개된 그의 음악 커리어 첫 작품으로 알려져 있다. 편곡은 김태
원이 맡았다. 부활과 이승철의 초기 히트곡으로 많은 사랑을 받았고, 많은 뮤지션들이 꾸준히 리
메이크하거나 커버하고 있다.

"운(運)은 생각보다 강한 오브젝트(Object)다. 그리하여, 인생의 가장 깊숙한 비밀을 말하자면, 그것은 바로 성공은 운이라는 것이다."

지금의 나와 비슷한 시간을 살다가 떠나간 故 신해철(1968~2014)의 말이다. 그의 생애 마지막과 같은 시간대를 살고 있기는 하나, 그가 남긴 삶의 흔적은 너무나 진한 것이어서 감히 나이가 같다는 이유 하나로 그와 비교하는 건 실례다. 하지만 인생의 마지막 순간 그가 청년들에게 남긴 이 메시지에 나는 동의한다. 이렇게 생각해야 스스로 덜 부끄럽고, 다행스럽고, 안도감이 드는 것도 사실이다.

이승철은 동네 형 김태원을 따라다니다가 '부활'의 보컬이 되었다. 이승철과 김태원을 흠모하던 또 다른 후배 신해철은 밴드 무한궤도의 보컬이 되어 대학가요제의 전설이 되었다. 신해철도, 이승철도 겨우 스무 살에 빛나는 별이 되었다. 유튜브에서 1988년 대학가요제에서 영원한 청춘의 노래 〈그대에게〉를 노래하던 신해철의 모습을 보았다. 외모도, 노랫말도, 연주도, 타의 추종을 불허한다. 하필이면 그날의 심사위원장마저 조용필, 참가번호도 마지막이었으니, 이건 영락없는 별의 순간이요, 그의 운명이었다.

신해철은 탁월한 가수 겸 작곡가 겸 작사가 겸 프로듀서 겸 철학자 겸 논객 겸 사회운동가였다. 타고난 재능이 특출나고, 그 재능을 세상에 드러내야만 숨 쉬고, 살아갈 수 있는 비범한 예술가였다.

무한궤도라는 작명도 예사롭지 않다. 해철이라는 이름의 첫 글자 해(海)는 바다, 끝이 없는 무한(無限)을 뜻하고, 두 번째 글자 철(鐵)은 단단한 길, 궤도(軌道)를 의미한다. 평범하기 이를 데 없는 이름 해철은 무한궤도가 되었다가, 나중에는 015B라는 이름으로도 변주되었다(01은 무한을 뜻하는 두 개의 숫자고, 5B는 Orbit, 즉 궤도라는 영어 단어를 숫자[5]와 알파벳 대문자[B]로 형상화한 것이다).

이른 성공은 독이라 했던가. 신해철은 100년이 지난 후에도 울려 퍼질 〈그대에게〉만 만든 게 아니다. 그는 대학가요제 대상, 솔로 앨범 히트, 그룹 NEXT의 성공, 후배 양성 등으로 다양한 음악적 성취를 이루었다. 하지만 그와 동시에 생의 마지막 순간까지도 언제나 이슈의 중심에 있었다. 특히, 남들이 차마 내지 못하는 목소리를 공개적으로 자청해서 내는 경우가 많았다. 노랫말을 통해 동성동본자들의 금혼에 반대한다는 목소리를 냈고(〈힘겨워하는 연인들을 위해〉), 간통죄 폐지를 주장했으며, 대마초의 비범죄화가 필요하다고도 역설했다. 100분 토론의 단골 논객으로 출연해 학생 체벌을 금지해야 한다며 분노를 표출하고, 국회를 유해매체로 지정하자는 주장도 했다. 공교육은 머지않아 폐지될 것이라 예언함과 동시에 프랜차이즈 학원 광고에 출연하는 패기를 보여 줬다. 심지어 북한의 미사일 실험 성공에 축하의 메시지를 남기기까지 했다.

민감한 이슈에 대한 강한 목소리와 주장은 저항에 부딪히고, 반대(Anti)를 낳기 마련이다. 그가 이런 점들을 몰랐을 리 만무하다. 시간이 흘러 자기 생각이 짧았다거나, 생각이 바뀌었음을 고백한 적도 있다. 너무 많은 말들을 내뱉으면, 독이 되어 돌아온다. 그도 한낱 부족한 인간이고, 겨우 마흔 중후반을 산 동시대의 시민이었을 뿐이다. 행(幸)과 불행(不幸)이 교차편집되는 것 역시 인생이요, 운명이다. 그는 순간순간 자신의 삶을 치열하게 살았으나, 겸손한 척, 넉넉한 척하지 않았다. 겸손은 미덕이지만, 겸손하지 않다고 욕먹을 일은 아니라고 일갈했다. 자기 색깔을 과감히 드러내며, 어디든 자신의 흔적을 남기며 살았다. 욕먹을 걸 알면서도, 실수를 반복해 두려움과 후회의 감정을 수시로 느끼면서도, 사회의 구성원으로서 유명한 스피커로써 제 몫을 충실히 수행했다. 마치, 성공과 명예에 목숨 건 사람처럼. 하지만 놀랍게도 그는 마지막 강연에서 세상을 향해 이런 메시지를 남겼다.

"태어난 게 목적이다. 그걸로 목적을 다한 거다. 그게 소명이고, 우리의 삶은 보너스다."

마치 자신의 운명을 예감이라도 한 듯이, 그는 이런 말을 남기고, 눈을 감았다. 이 시대 청춘들을 향한 위로임과 동시에, 치열한 인생을 살았던 자신을 향해 스스로 덕담을 건넨 것이다. 누구보다 별이 되기를 원했던 스무 살의 청년은 자신만의 거품과 흔적을 남기며 평생을 살았다. 하지만 그것은 사회적인 성공, 부와 명성을 위한 건 아니었다. 타고난 재능이 있어 운이 좋았을 뿐이라고 고백한 것인지 모른다. 예술가, 창작가, 운동가로 활동할 때보다, 두 자녀

의 아버지, 한 여자의 남편일 때 그의 표정이 한결 밝고, 행복해 보
였다.

현재(Present)가 곧 선물(Present)이다. 내가 하는 일에 충실하고,
오늘 나를 찾아온 고객에게 최선을 다하며, 내 옆자리의 동료를 진
심으로 대하면 된다. 그의 메시지대로 아프지만 않으면 될 일이다.
언젠가 자신의 주제가가 될 것이라던 〈민물장어의 꿈〉은 운명처럼
그의 장례식장에 울려 퍼졌고, 그에게 가요 프로그램 1위라는 마
지막 행운까지 선물했다. 이제 편안하게 받아들이자. 성공은 운(運)
이다.

1986년, 이승철은 그룹 '부활'의 보컬리스트로 〈희야〉를 세상
에 선보였다. 조용필이 "기도하는~"을 외치면 모든 여성 팬이 꺅!
하고 소리를 질렀다던 〈비련〉 이후, 실로 오랜만에 "희야~"의 시
작과 동시에 관객의 환호성이 터져 나오는 전설의 노래 2가 탄생
한 것이다. 제아무리 노래를 잘 부르고, 기타, 드럼, 베이스를 잘 연
주한다고 해도, 이제 갓 스무 살이 된 청년들이 발표한 첫 번째 앨
범이 이렇게까지 성공한 건, 분명 행운이다. 당시 이승철은 이십 대
초반 이미 완성형 보컬리스트로 명성이 자자하던 김종서의 탈퇴로
앨범 제작 직전에야 '부활'에 합류한, 단점 있고 운 좋은 풋내기였
다.

김종서의 고음, 임재범의 흥성을 익히 알고 있던 '부활' 멤버들
에게 이승철은 〈실수투성이〉 햇병아리였다. 동료들의 반대에도 불
구하고, 그가 그룹의 보컬리스트로 선택될 수 있었던 건, 리더 김

태원의 독특한 시각, 그리고 개인적 취향 덕분이었다. 거친 듯 섬세한 이승철 특유의 미성, 그리고 끝 음 처리의 비브라토가 다른 단점을 상쇄할 만큼 마음에 들었다. 돌이켜 보면, 마초들의 남성성이 가득한 1980년대 대한민국 록(Rock) 신에서, 이승철의 목소리, 그리고 곱상한 외모는 차별화된 핵심 성공 요인이었음이 분명하다. 이른바 틈새시장이다. 물론, 김태원이 이를 예측하고, 그를 영입했다고 보는 건 무리다. 성향과 직관에 충실했을 뿐이다.

〈희야〉는 김태원이 만든 곡도, 이승철이 만든 곡도, 그렇다고 '부활'의 다른 구성원이 만든 노래도 아니었다. 동료 작곡가 양홍섭이 멜로디와 가사를 쓴 노래다. 작곡가의 개인적인 이야기를 토대로 만든 음악으로 알려져 있다. 어쩌다 보니, 행운이 넝쿨째 굴러 들어 온 형국이다. 〈희야〉가 발표되고, 이게 무슨 록이냐며 마니아들로부터 욕도 많이 들었다. 그러나 어떤 이유에서든 〈비와 당신의 이야기〉 같은 록 음악의 진수를 담은 노래를 제쳐두고, 〈희야〉를 타이틀로 앨범을 홍보한 건 결과적으로 묘수(妙手)였다. 음악은 동료, 평론가가 아닌, 듣는 이가 가치를 평가한다.

처음부터 끝까지 〈희야〉는 운의 연속이다. 초심자의 행운이라고 보아도 무방하다. 이승철의 도전, 김태원의 직관, 작곡가의 사연, 제작자의 결단이 한데 어우러져 〈희야〉의 성공을 낳았다. 이 중 하나라도 삐끗했다면, 전설은 시작되지 않았을 수도 있다. 그렇기에 더욱이, 성공은 운(運)이다. 그러나 40년이 지난 지금 다시 돌아보건대, 〈희야〉라는 행운이 이른 시기에 찾아왔을지언정, 이승철의 성공은 필연이다. 때로는 인생이 제 뜻대로 흘러가지 않더라도, 40년간 계속 시도했으니, 언젠가 〈마지막 콘서트〉, 〈Never Ending Story〉 같은 명곡을 만나는 것도 운명이었으리라.

시행착오(Trial and Error)의 지속성이 성공과 실패를 가르는 핵심 요인이다. 탁성 불가, 고음 불가 이승철은 그러나 용기를 내 김태원을 찾아가 오디션을 보았고, 기회를 살렸다. 행여 오디션에서 탈락했더라도, 그는 계속 도전해 결국 '부활'했을 것이다. 실력은 둘째다. 사람마다 타고난 재능과 한계는 분명하다. 부족한 실력은 꾸준한 노력과 연습으로 메우면 된다. 김종서처럼, 임재범처럼 노래하지 못해도 상관없다. 부족한 면이 있더라도, 본인 깜냥대로 시도하다 보면 가치를 평가받는 날은 온다.

저마다의 때가 있다. 언제 행운을 마주할지는 알 수 없다. 오늘이 자기 인생에서 가장 젊은 날임을 알고, 계속 삶의 흔적과 기록을 남기고 산다면 충분하다. 신해철의 말처럼, 앞으로의 날들이 모두 보너스라면, 도전하지 못할 일이 또 무엇이겠는가. 세상에 명성을 떨치지 않더라도, 이승철이나 신해철처럼 노래 부르며 살지 않더라도, 자기 페이스대로 자취를 남기면서 살면 성공이다. 성공은 운이다. 그러나 운이 곧 성공은 아니다. 성공의 흔적, 실패의 기록을 계속 쌓아가다, 먼 훗날 인생을 되돌아볼 때 성취는 하늘의 덕으로, 실패는 본인의 탓으로 돌리는 게 멋질 듯하다. 시행착오가 성공을 불러오는 운이다.

을의 연애

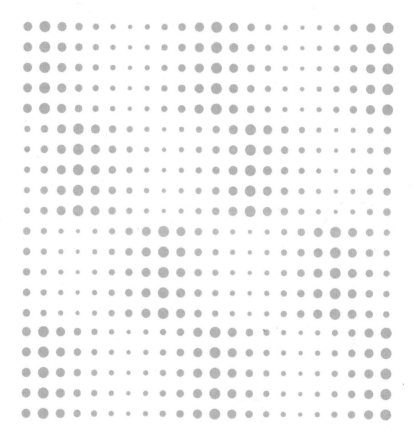

비와 당신의 이야기 (1986)

부활 1집 《Rock Will Never Die》에 수록된 곡. 희야와 더불어 1집에서 가장 히트한 곡이었으며, 특히 초반의 묵직하고 낮게 깔리는 기타 리프 도입부가 인상적인 곡. 부활 전체로 봐도 희야, Never Ending Story, 사랑할수록, Lonely Night 등과 함께 밴드를 대표하는 노래 중 하나다.

〈그녀는 예뻤다〉. 스무 살의 남자라면 누구라도 반할 만한 미모였다. 남자들만 들어갈 수 있는 중고등학교를 다닌 특권(!) 덕분에, 이렇다 할 대외활동도 없었던 덕에, 스무 살이 될 때까지 데이트라는 걸 해 본 적이 없었다. 따라서 금세 사랑에 빠지는 건 나의 운명이었다. 대학생이 되었어도 사정은 별반 달라지지 않았다. 캠퍼스 커플을 상상하면서 힘겨운 수험 생활을 버텼지만, 그런 일은 현실에서 일어나지 않았다. 일단, 내가 다닌 학교는 남학생 비중이 압도적으로 많았다. 게다가, 선배들의 외모, 톤과 매너, 지갑 사정 등을 보고 있노라면, 괜스레 주눅만 들었다. 스무 살의 나에게 연애는 별나라 이야기였다.

그러던 차에 난생처음 조인트 MT 이야기가 들렸다. 학교 기숙사 1동의 리더 격인 재범이 형이 프로젝트를 추진한다는 후문이었다. 넉살 좋은 마당발 재범이 형은 내 고등학교 1년 선배이기도 하다. 모 여대 96학번 학생들과 무려 1박 2일을 함께한다는 소식에 귀가 쫑긋했다. 나를 제외하면 어쩌나 걱정도 했지만, 내게는 지연과 학연이 있었고, 무엇보다 이렇다 할 경쟁력이 없다는 자체 판단 하에 틈틈이 연습해 두었던 기타(Guitar)가 있었다. 특색 없는 기타 등등에 속했던 나를 기타가 살린 셈이었다. 나름 엄선된 정예 멤버들 틈에 끼기 위해 실력을 과장한 게 맘에 걸렸지만, 남은 기간 연습하면 된다는 판단이었다. 기회는 쉽게 찾아오는 게 아니니까 일단은 거머쥐는 게 중요했다. 그렇게 나도 〈춘천 가는 기차〉에 몸을 실었다.

먼저 말을 건넨 건, 내가 아닌 그녀였다. 모두의 눈길을 한 몸에 받고 있던 그녀였기에 나와는 인연이 없으려니 생각했는데, 역시 기타가 묘약이었다. 내가 준비해 간 레퍼토리는 단 두 곡에 불과했기에 여차하면 실력이 들통날 위기였다. 이럴 줄 알았으면, 〈이정선의 기타 교실〉을 조금 더 연습하고 오는 거였는데 하는 후회가 밀려왔다. 수습할 생각에 기타를 내려놓고, 잠시 자리를 비웠다가 돌아왔는데도, 그녀는 여전히 내 옆자리를 지키고 있었다. 지나가던 동기, 선배들이 나를 보고 다 한 마디씩 건넸다. 축하한다고! 되묻지 않아도 무슨 뜻인지 알 수 있었다. "이럴 줄 알았으면, 나도 기타나 배울걸" 하는 동기 환성이의 혼잣말도 들렸다. 행운이 찾아왔지만, 마냥 기쁘기만 한 건 아니었다. 기회를 움켜쥘 만한 실력과 자신감이 부족했기 때문이다.

그렇게 을의 연애가 시작됐다. 자신감이 없어서 늘 소극적이었는데, 그녀는 그런 내 태도에 자존심이 상했었나 보다. 늘 남자가 먼저 연락하고, 데이트 신청하고, 집 앞에도 찾아와 기다렸는데, 나는 그러질 않았으니 그녀 입장에는 그럴 만도 했다. 물론 그러질 않았던 게 아니라, 그러질 못했던 거였지만. 그러던 중 그녀가 남긴 장문의 삐삐 메시지를 듣고 이내 정신을 차렸다. 내가 하도 연락이 없어서 자기가 먼저 연락한다면서, 시간 되면 이번 주말 남산에 놀러 가자는 내용이었다. 못 이기는 척 그녀의 데이트 신청을 받아들인 그 순간만큼은 내가 분명 갑이었다. 살다 보면 가끔은 갑과 을의 자리가 바뀌기도 한다.

남산에 다녀온 후에는, 나 홀로 〈가슴앓이〉가 시작됐다. 〈혼자만의 사랑〉에 빠진 것이다. 그녀는 잡힐 듯 잡히지 않는 신기루와 같았다. 도무지 종잡을 수 없었다. 나타났다가 사라지고, 사라졌다가 나타났다. 좋아한다고 말했다가, 어느 날은 편한 친구로 남자고도 했다. 하릴없이 삐삐를 기다려도 답장은 들쭉날쭉했고, 용기를 내 집으로 전화를 걸면, 부재중이라는 답변이 돌아왔다. 어쩌다 약속이 잡히는 날에도 나는 초조했다. 갑작스레 약속을 취소해야겠다는 음성메시지가 잦았기 때문이다. 언제까지나 그녀의 일방적인 처분만을 기다릴 수는 없었다. 계속 이러다가는, 공부도, 연애도 다 무너지고, 참을 수 없는 존재의 가벼움만 남을 터였다.

11월의 어느 비 오던 밤이었다. 술에 취한 목소리, 약속을 미루자는 메시지를 듣자마자, 나는 무작정 밖으로 나왔다. 을씨년스러운 날씨처럼 그녀의 마음이 식었다면, 짝사랑을 계속하느니 차라리 먼저 이별을 고하고, 군대나 가야겠다는 심정이었다. 눈물을 머금고, 그녀의 집 앞으로 향했다. 실은 그녀의 집이 어디인지 정확히 몰랐다. 그냥 발길 닿는 대로 걷다 보면, 마음이 정리될 거라고 믿었는지도 모른다. 마침 겨울비도 내리니, 눈물이 빗물에 가려진다는 점도 썩 마음에 들었다. 그렇게 하염없이 걷던 중 어느 영화와 같은 일이 벌어졌다.

저 앞 벤치에 앉아 있는 그녀가 눈에 들어온 것이다. 순간 고개를 돌린 그녀와 눈도 마주쳤다. 흠칫 놀랐지만, 나는 이내 몸을 숨겨야만 했다. 그녀의 옆에는 다른 남자가 앉아 있었기 때문이다. 믿기지 않았지만 현실이었다. 시린 감정을 뒤로한 채, 난 물러설 수밖에 없었다. 벤치의 그 남자는 내 고등학교 동창이었다. 〈겨울비〉 내린 그날 밤, 나는 무척이나 울었다. 비에 비 맞으며, 눈에 비 맞으며!

친구의 친구를 사랑했다. 그제야 퍼즐이 맞춰졌다. 언젠가 그녀는 내가 나온 고등학교, 내가 살던 동네를 알고 있는 듯이 말했던 적이 있다. 고등학교 동창들의 이름도 알고 있었다. 난 그저 기숙사 재범이 형이 알려줬겠거니, 대수롭지 않게 생각했었는데, 그게 아니었던 거다. 그녀의 의뭉스러운 말투, 숨기는 듯한 표정, 오락가락하던 행보에는 다 그럴 만한 이유가 있었다. 친구의 친구를 사랑했던 쓰라린 경험은, 그러나 나를 변모시켰다. 그녀가 좋아했던 그를 통해 나를 되돌아볼 수 있게 됐다. 그의 인품, 실력, 비전 등을 익히 알고 있었던 터라, 내가 여자라도 그를 선택하리라는 결론이었다. 첫사랑이 다른 사람을 선택했다는 이유로, 타고난 환경과 재능이 〈그 사람〉보다 부족하다는 이유로, 방구석에 앉아 본인 신세 한탄만 하고 있다가는, 두 번째 사랑은 어림도 없는 일이다. 어쭙잖은 실력으로 요행만 바라다가는 또다시 패배할 게 뻔하다. 아픔만큼 성숙해져야 한다.

스물일곱, 오랜만에 그녀와 재회했다. 타고난 성정은 그대로일지언정 나의 톤과 매너, 지갑 사정, 그리고 마음가짐은 스무 살 때의 그것과는 확연히 차이가 났다. 열등감의 자리는 자신감으로 대체됐다. 그녀의 눈도 정면으로 응시할 수 있게 됐다. 어느덧 나는 새로운 사람으로 거듭나 있었다. 그녀는 나에게 뒤늦은 사과를 했고, 나는 받아들였다. 다음번에 또 보자는 그녀의 제안도, 물론 쿨(cool)하게 거절했다. 그렇게 을의 연애는 끝이 났다. 우리가 마지막으로 재회한 곳은 공교롭게도 김태원과 이승철이 재회한 '부활' 15주년 기념 공연장이었다. '부활'의 〈마지막 콘서트〉가 열린 그날도, 11월의 어느 비 내리는 밤이었다. 예견된 이별이었다.

1986년, 그룹 '부활'은 〈비와 당신의 이야기〉를 발표했다. 이 노래는 겨우 스무 살의 김태원이 작사, 작곡한 음악이다. 40년이 다 되어 가는 지금까지도 종종 불리고, 연주되고, 재해석되는 '부활'의 대표곡 중 하나다. 이 음악의 상징(Signature)은 도입부의 웅장한 기타 연주, 그리고 마지막 절규에 찬 "사랑해" 가사의 무한반복이다. 약관의 김태원은 이 곡의 기타 연주로 한국의 지미 핸드릭스라는 별명까지 얻었다. 미성의 이승철과 탁성의 김태원이 함께 외친 사랑해! 사랑해! 사랑해! 가사의 반복적 외침은 이 노래의 하이라이트다.

〈비와 당신의 이야기〉는 김태원이 고등학교 시절 짝사랑하던 여학생을 생각하며 쓴 곡이다. 친구의 친구를 향한 이루어질 수 없는 외사랑 이야기다. 내가 유독 이 노래에 감정 이입하는 데는 그만한 이유가 있었던 셈이다. 가사 속 비는 김태원을 상징하리라. 아이가 눈이 오길 바라듯이, 비는 너를 그리워한다는 첫 소절은, 첫사랑의 아픈 기억을 가진 모든 을의 심정을 대변한다. 사랑도 잃고, 우정도 잃은 남자의 심정은 겪어 본 자만이 짐작할 수 있다. 사랑할

땐 누구나 시인이라던데, 사랑할 때나 이별할 때나 언제나 죄인이 었을 그의 절절한 감정이 노래 전반에 가득 묻어 있다. 사랑해 가사 의 반복에는 금기 앞에 좌절해야만 하는 그의 상실감, 열등감, 자 책감, 회한과 안타까움이 응축되어 있다. 을의 쓰라린 좌절감과 시 련이 불후의 명곡을 낳았다.

스무 살의 김태원을 단련시킨 건 8할이 열등감이다. 그는 여러 차례 방송을 통해 자신의 오랜 콤플렉스를 고백한 바 있다. 다행히 그는 부족함에 마냥 좌절하지 않고 음악에 집중했다. 타고난 재능 이 부족하다고 생각했기에 꾸준하고 성실하게 파고들었다. 기타리 스트 신대철을 보고 속주로는 도저히 이길 수 없겠다는 판단이 서 자, 이번에는 과감하게 방향을 틀어 작곡에 몰두했다. 1980년대 한국 록(Rock) 음악 르네상스 시절, 헤비메탈이 아닌 아름다운 곡 선율과 가사로 승부 건 한국형 그룹사운드 '부활'은 이렇게 탄생했 다.

누구나 천재 작곡가 모차르트와 같은 재능을 가지고 태어나지 않는다. 그를 흠모하느니, 차라리 적당한 열등감과 질투심을 토대 로 평생 꾸준하게 실력을 쌓아 올린 2인자 살리에리를 지향하는 편이 낫다. 단, 다른 이의 타고난 재능에 쉽사리 포기하거나, 상대 방을 폄훼하지 않는 살리에리가 되어야 한다. 세간에 알려진 바와 는 달리, 실제 살리에리는 수많은 당대의 음악인과 대중에게 사랑 받은 고전음악의 대가이자, 스테디셀러다. 김태원이 만약 삼각관 계에서 사랑을 쟁취했다면, 기타 속주에 능했더라면, 아름다운 미성이었다면, 단언컨대 〈비와 당신의 이야기〉는 세상 빛을 볼 수 없었을 것이다. 김태원은 신대철에게, 살리에리는 모차르트에게, 이승철은 임재범에게, 그리고 나는 서울대생 벤치남에게 열등감을 가졌다. 그러나 그 콤플렉스야말로 을의 인생 서사를 돋보이게 하는 원동력이다.

방송 프로그램 싱어게인에 출연한 20년 차 어느 무명 가수가 자기만의 스타일로 〈비와 당신의 이야기〉를 열창했다. 무대를 마친 후, 그는 가수 인생 내내 자기 목소리가 콤플렉스였음을 고백했다. 그의 노래를 듣고 난 40년 차 심사위원 임재범이 평했다. 그가 곧 노래였고, 노래가 곧 그였다고. 다른 이는 자기 전성기는 자신이 정한다는 말로 그에 대한 심사평을 대신했다. 열등감은 성장의 디딤돌이다. 〈비와 당신의 이야기〉는 부족하되, 도전할 줄 아는 모든 을의 노래다.

홀로서기

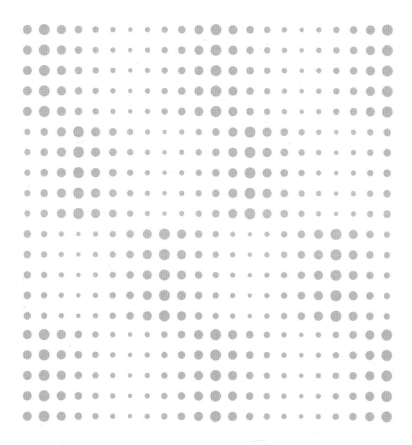

안녕이라고 말하지마 (1989)

1989년 발표된 이승철의 1집 솔로 데뷔 앨범 《이승철 Part 1》의 타이틀곡으로, 당시 그룹 출신 솔로 가수는 성공하지 못한다는 징크스를 깨고 밀리언셀러를 기록하며 큰 인기를 누렸다.

2024년 기준 우리나라 근로자 수는 대략 3천만 명 정도다. 그
중 약 3백만 명은 대기업, 공공기관 등에서 근무한다. 즉, 열 명 중
한 명 꼴로 흔히들 말하는 좋은 일자리에서 일하는 셈이다. 통계청
국가통계에 따르면, 대기업 근로자의 세전 평균 월급은 약 563만
원으로, 중소기업 근로자 평균 월급 266만 원 대비 약 2.1배 높다.
이렇다 보니, 대기업이나 전문직 등 고연봉 일자리 혹은 직업적 안
정성이 높고 평균 급여도 대기업과 크게 차이 나지 않는 공공기관
에 대한 선호도가 높을 수밖에 없다.

우리나라의 1인당 GDP는 32,000달러 정도다. 원화로 환산하
면 4,200만 원이다. 이를 한 달 치 월급으로 나누면 약 350만 원이
니, 일반적인 회사원을 기준으로 높은 수준이다. 이는 소수의 거대
재벌과 대기업이 국내 총생산량의 상당 부분을 차지하기 때문에
발생하는 일종의 착시 현상이다. GDP의 핵심은 정부도 가계도 아
닌, 기업이다. 그런데 이미 선진국형 경제에 들어선 상황에서 청년
구직자들의 눈높이가 상향 조정된 건 어쩔 도리가 없다. 기왕 취업
을 마음먹은 20~30대라면, 급여가 높고, 정년이 보장된 일자리를
찾는 건 당연하다. 10:1의 경쟁률을 뚫기 위한 자격증 취득, 해외
인턴십 등 장기간의 노력은 필요충분조건이라 해도 과언이 아니
다. 하지만 좋은 일자리의 수는 한정적이다. 모든 청년 구직자의 바
람을 담아내기엔 턱없이 부족하다. 십중팔구는 다른 직장, 다른 직
업을 찾아 나서야 한다. 그럼에도 불구하고, 상당수의 청년은 눈높
이를 낮추는 대신 취업 재수, 스펙 쌓기를 선택한다. 한쪽(청년)은

구직난, 한쪽(중소기업)은 구인난이 지속되는 일자리 불일치가 발생하는 이유다.

그러나 길고 짧은 건 재어 보아야 안다. 좋은 회사가 성공한 인생을 보장하지 않는다. 어쩌면, 좋은 일자리가 주는 안락함은 새로운 도전을 가로막을 수도 있다. 차라리, 규모가 작은 중소기업이나, 스타트업에 들어가서 다양한 업무를 수행하거나, 일찌감치 창업해서 치열한 생존경쟁을 미리 경험하는 것이 인생 전체로 보았을 때 더 나은 선택일 수 있다. 인생은 길고, 예상치 못한 일은 계속된다. 청년이든, 중년이든, 시니어든 홀로 서야 할 때는 찾아온다. 누군가 좋은 일자리에 취업하면, 어떤 이는 그 자리에서 물러나야 한다. 취업, 퇴직, 창업이 뒤섞인 채로 자본주의 시스템은 굴러간다. 한평생 563만 원씩 월급 받으며 살 수는 없는 일, 홀로서기는 불가피하다.

창업은 홀로서기의 대명사다. 단, 불안감이 가득한 홀로서기인지라, 대부분은 창업을 망설인다. 확률적으로는 창업을 회피하는 것이 현명한 선택이다. 가족 중 사업하려는 사람이 있으면, 도시락 싸 다니면서 말리는 것이 상책이라는 말도 있다. 이유야 명확하다. 실패 부담감이 크기 때문이다. 심적 부담감은 얼마든지 감당할지언정, 경제적 부담감은 생각만 해도 아찔하다. 자칫하다간, 패가망신할 수도 있다. 그러나 누군가는 그 낮은 성공 확률을 무릅쓰고, 기꺼이 창업에 도전한다. 2022년 한 해 동안의 신규 창업기업 수는 131만여 개에 이른다. 그중 기술 기반 창업기업만 해도 23만 개가 넘는다. 음식, 숙박업 같은 생계형 창업이 아니더라도, 생각보

다 많은 이들이 결과를 예측하기 힘든 망망대해에 뛰어드는 셈이
다.

창업이 이기심 또는 경제적 욕심에 따른 개인의 선택이라 할
지라도, 위험회피 성향이 사람의 보편적 특성임을 고려하면, 창업
은 그 자체로 박수 받을 일이다. 창업이 멈추면, 자본주의도 멈춘
다. 기존에 없던 번뜩이는 아이템을 보유한 창업가나, 상품이나 서
비스의 만족도를 높일 수 있는 기술력을 확보한 벤처기업가라면,
특히 우대되어야 한다. 생계형 창업은 이미 포화상태인 내수시장
에 뛰어드는 것이기에, 한 사람이 잘되면 다른 누군가는 잘 안 되
는 치킨 게임이 될 수밖에 없다. 그러나 창업 아이템과 기술력이 남
다르다면, 이는 사회 전체에 활력을 가져오거나, 경제적 파이(규모)
를 키우는 신성장동력이 될 수도 있는 일이다. 기술 인재들의 과감
한 도전이 계속되어야 제2의 네이버, 카카오, 토스를 능가하는 유
니콘기업이 나올 수 있다.

기술창업 기업은 초기 연구개발비, 인력 채용비 등이 많이 들기
때문에 외부 투자자들로부터 자본금을 투자받아 설립되는 경우가
많다. 그러나 모험자본(Venture Capital)의 규모도 한정적이기에 모두
가 투자받아 창업할 수는 없는 일이다. 정부와 정책금융기관들의
금융지원이 확대되어야 하는 이유다. 유망 청년창업기업, 전문자
격증 기반의 예비창업기업, AI·빅데이터·로봇·핀테크·정보통신 등
신성장동력산업 영위 기업, 문화콘텐츠 기업, 수출 예정(초기) 기업
에 대한 정책적 우대가 지속되어야 한다. 그러려면, 공무원, 공공기

관 직원, 정책금융 업무 담당자에 대한 면책 범위를 넓혀 업무 담당자가 적극 행정을 실현할 수 있도록 유인책을 제공해야 한다. 물론, 고의·중과실은 예외다. 정부와 정책기관은 공적 자금을 집행해야 하기에 신중함이 필요하지만 그와 동시에 혁신적인 기업에 대한 정책지원에는 과감해야 한다. 그게 혁신적인 정부다.

정책금융기관을 중심으로 CEO에 대한 연대보증인 면제제도가 자리를 잡은 것은 고무적이다. 행여 사업이 원치 않는 방향으로 흘러가서 회사가 자금 유동성 위기에 처하더라도, 정책자금이 사업 목적에 맞게 사용되고, 그간의 노력이 인정된다면, 대표이사가 부실화된 대출금을 책임지지 않아도 되기 때문이다. 단, 개인사업자가 아닌 법인기업이어야 하고, 사후관리를 통해 책임경영과 투명경영을 다했음이 인정되어야 한다. 연대보증인 면제제도는 성실한 실패자에 대한 사회적 배려, 21세기형 복지로 불러도 좋을 듯하다. 매년 막대한 이익을 실현하는 시중은행과 금융회사들도 일정 부분의 재원은 혁신성, 진취성, 위험감수성을 보유한 기업가들을 위한 몫으로 배정하고, 점차 그 몫을 늘린다면, 우리나라가 명실공히 창업하기 좋은 나라로 자리매김하는 데 이바지하는 것이라고 믿는다. 다행히도 2021년 12월 발표된 한국경제의 분석패널 연구에 따르면, 대표이사 연대보증인 면제가 금융 부실률에 미치는 영향이 유의미하지 않은 것으로 나타났다. 책임지지 않을 권리가 부여된다 해도, CEO가 고의로 책임을 회피하지 않을 확률이 높다는 뜻이다. 결국, CEO의 역량·의지·윤리성이 우수하다면, 미래 사업 가

능성이 있는 기업에 대한 적극적인 금융지원 정책을 지속할 일이
다. 도전하는 한, 기회가 제공되어야 한다. 그러해야 선진국이다.

1989년, 이승철은 솔로 1집 앨범을 발표했다. 그룹 '부활'의 품
에서 나와 홀로서기에 도전한 것이다. 과거 인터뷰에 따르면, 20대
초반 솔로 가수로 독립했을 때부터 본인이 직접 투자, 홍보를 진행
했다고 하니, 그는 가수이자 청년 기업가였던 셈이다. 지금이었다
면, 이승철은 신성장동력산업 중 하나인 지식서비스업, 문화콘텐
츠업을 영위하는 유망 청년 기업가로 충분한 정책적 지원을 받았
을 듯하다. 향후 계획을 프레젠테이션하는 그의 모습을 상상하니,
왠지 어색하기도 하다.

그러나 1989년은 아직 6공화국 초기, 군사정권의 시대다. 국가
가 나를 위해 무엇인가를 해 주길 바라기 전에, 내가 먼저 국가를
위해 무엇을 해야 할지를 고민해야 했던 시대적 배경하에서, 정부
의 도움을 받는 창업은 아무래도 상상하기 쉽지 않다. 만약, 본인이
직접 제작한 앨범이 상업적으로 실패했더라면, 자칫 신용불량자가
되었을지 모를 일이다. 그때는 연대보증 제도는 물론이거니와 연
좌제마저 횡행하던 시절 아니던가. 그의 홀로서기는 모험 그 자체
였다.

다행히, 20대 청년 이승철은 높은 기업가정신을 보유한 CEO였
다. 운(運)마저도 그의 편이었다. 여느 창업가들과 마찬가지로, 김
태원이라는 든든한 울타리를 〈떠나야 할 때〉 두려움도 많았겠지
만, 과감한 도전의 끝에는 또 다른 독보적 창작자 박광현이 기다리

고 있었기 때문이다. 동갑내기 작곡가 박광현은 서울대 음대를 졸업한 작곡가 겸 가수로, 1989년 본인이 직접 만들고 부른 〈한 송이 저 들국화처럼〉으로 대중에게 알려졌다. 무엇보다, 솔로 독립한 이승철에게 〈안녕이라고 말하지 마〉, 〈잠도 오지 않는 밤에〉(이후, 김건모 1집 〈잠 못 드는 밤 비는 내리고〉로 재발매됨), 〈그대가 나에게〉 등 다수의 히트곡을 작곡하면서 명성을 높였다. 한때 두 사람은 영혼의 파트너 소리까지 들었던 관계다.

김태원이라는 알을 깨고 나오자, 박광현이라는 새로운 세상이 열린 것이다. 홀로서기에 나서지 않았다면, 어쩌면 이승철은 날지 못하는 새가 되었을지도 모를 일이다. 도전하는 자만이 기회를 거머쥘 수 있다. 처음에 이승철은 1집 앨범 수록곡 중 〈마지막 나의 모습〉을 타이틀로 삼아 홍보활동을 시작했다. 노래의 마지막 부분, 이승철 특유의 거친 미성과 폭발적인 성량이 돋보이는 곡이다. 다만, 노래 전반에 걸쳐 세미 트로트 곡 분위기가 역력하다. 그래서인지 이승철이라는 이름값, 화제성에 비해 노래는 그다지 대중의 호응을 얻지 못했다. 위기감을 느낀 그의 다음 선택지가 바로 박광현이 작사 작곡한 〈안녕이라고 말하지 마〉다. 편곡자는 봄·여름·가을·겨울의 김종진이다. 반말 조 가사로도 유명한 이 발라드곡의 히트로, 이승철은 10대들의 우상으로 급부상했다. 스스로 감당하기 힘들 정도의 인기를 얻었다. 곱상한 외모로 한국의 보이 조지라는 별명도 얻었고, 조용필을 잇는 차세대 보컬리스트의 탄생이라는 극찬도 들었다. 그룹 출신의 솔로는 실패한다는 가요계의 오랜 속설도 깨트렸다.

물론, 때 이른 성공이 반드시 좋은 결과로만 이어지는 것은 아니다. 사람은 소년 성공을 조심해야 하고, 기업은 사업 초기 죽음의 계곡(Death Vally)을 견뎌 내야 한다. 어쨌거나, 1989년 작 〈안녕이라고 말하지 마〉의 성공은 40년 차 가수 이승철의 오늘을 가능케 한 주역이다. 수십 년간 숱한 어려움을 겪으면서도, 언제 그랬냐는 듯이 다시 부활하는 그의 운을 마냥 부러워하기 전에, 그의 진취적인 도전정신을 주목할 일이다. 스무 살의 이승철은 임재범, 김종서 등 무림(武林)의 고수들이 가득한 언더그라운드 신을 제 발로 찾아가, 혹독하기로 유명한 김태원에게 그룹의 보컬리스트를 시켜 달라고 직접 요청했다. 고음과 성량 면에서 경쟁자들 대비 부족한 실력임에도 말이다. 당시만 해도, 보컬, 작곡, 연주력 면에서 이승철보다 뛰어난 경쟁자들은 많았다. 그러나 호기로운 도전정신이야말로 그룹 '부활'의 보컬 자리로 그를 이끈 원동력이라 할 수 있다. 실력은 둘째다.

창업 역시 그러하다. 설령, CEO의 역량, 기업의 보유자산, 자본금이 다소 부족하더라도, 일단, 시작하는 게 중요하다. 하다 보면, 김태원, 박광현, 김종진, 전해성 같은 파트너도 만나고, 〈안녕이라고 말하지 마〉 같은 예상 밖의 히트곡도 나오기 마련이다. 뭉치면 살고, 흩어지면 죽는다지만, 이는 어디까지나 개발도상국형 속어다. 알을 깨고, 새장을 박차고 나와야 자기 날개로 하늘을 날 수 있다. 고공비행은 전문 엔지니어들이 도와줄 것이다. 높이 날면, 보이는 풍경도 달라진다. 너무 걱정되면, 크게 다치지 않을 정도의 높이로만 날면 된다. 〈그것만으로〉 성취감은 남다를 것이다. 땅에 발붙이고 사는 이들의 숨겨진 위험감수성도 자극할 수 있다. 홀로서기는 박수 받아야 마땅하다.

찬란한 유산

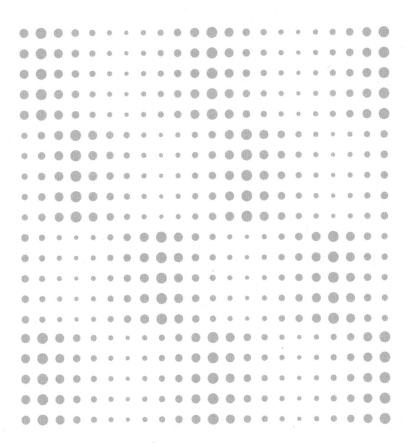

소녀시대 (1989 & 2007)

가수 이승철의 정규앨범 1집 《이승철 Part 2》의 타이틀 곡이자 이승철의 대표 히트곡 중 하나다.
1989년 발표 이후 18년이 지난 2007년에 걸그룹 소녀시대가 데뷔하며 그룹명과 동일한 이 곡을
리메이크했고, 이를 계기로 더욱 유명해졌다. 여담으로 한국에서 남성 가수의 곡 중 가사 속 화자
의 성별을 여성으로 설정한 유일한 곡이기도 하다.

미국 월가(Wall street)에서는 기업의 창업자나 최고경영자(CEO)가 자기 회사에서 퇴출이 되는 경우가 다반사다. 얼마 전에는 ChatGPT의 아버지라 불리는 샘 올트만 '오픈 AI' 창업주가 이사회의 결정으로 해고되어 화제가 됐다. '트위터'의 창업자 잭 도시는 2006년 회사를 설립한 지 3년 만에 퇴출이 됐고, 그 유명한 스티브 잡스도 본인이 설립한 '애플'에서 쫓겨난 적이 있다. 비정한 비즈니스의 세계인 것은 분명하지만 달리 보면, 성과주의가 정착된 것이기도 하고, 수직적인 위계질서보다는 수평적 문화가 자리 잡은 것으로도 볼 수 있다. 자리에 안주하는 순간, 왕좌는 위협받기 마련이다. 누구도 경쟁을 피해 갈 수 없다.

물론, 물러난 사람이 각성하는 한 기회 역시 다시 찾아올 수 있다. 샘 올트만은 회사에서 해고된 지 5일 만에 CEO로 복귀했고, 잭 도시도 5년 만에 원래의 자리를 되찾았다. 경영실적 악화와 경영 내분으로 1985년 회사에서 쫓겨난 스티브 잡스는 무려 12년 만에 애플의 CEO로 화려하게 복귀했고, 그 이후의 성공 신화는 우리가 익히 아는 그대로다.

에스엠(SM)엔터테인먼트의 창업자 이수만도 본인이 만든 회사에서 퇴진했다. 본인의 이름 자체가 SM인 그는, 30대 초반 SM을 창업해 회사를 코스닥에 상장시킨 것은 물론, 시가총액 2조 원의 규모로 키워 낸 장본인이다. 자신과 회사를 동일시하며 살아온 시간이 거의 40년에 이름에도, 그는 경영권을 잃었고, 우여곡절 끝에 회사를 떠나게 됐다. 여하튼 간에 그가 K-POP을 하나의 장르로 일구어 낸 최고의 프로듀서임을 부인할 사람은 없다. 신생기업 SM 기획을 창업한 후, 말도 많고 탈도 많은 가요계에서 성취와 실패를 반복하던 그는, 꾸준한 도전 끝에 아이돌 그룹 H.O.T와 S.E.S를 성공시켜 안정적 성장 기반을 구축했고, 2007년 데뷔한 '소녀시대'의 글로벌 성공을 통해 명실상부 K-POP의 〈NO. 1〉으로 우뚝 섰다.

'소녀시대'는 2세대 대표 아이돌 그룹이다. 총 8명으로 구성된 다국적 걸그룹인 그들은 글로벌 K-POP의 주역이라 할 만큼 성공 가도를 달렸다. 2017년 빌보드에서 선정한 Best K-POP 걸그룹 부문 1위를 차지했고, 발표하는 앨범마다 우리나라는 물론, 일본, 중국, 대만 등 해외에서도 선풍적인 인기를 얻었다. 그러나 처음 '소녀시대'라는 그룹명을 들었을 때 촌스러운 이름 때문에 눈물을 흘린 멤버도 있었다고 한다. 저마다 생각이 다르니 촌스럽다고 느끼는 것도 이해는 된다. 개인적으로는, 소녀라는 단어가 나이 들어감에 따른 자연스러운 성장 혹은 성숙함의 가능성을 닫아 버리는 한계가 있다고 생각했다. 언제까지나 소녀로만 머무를 수는 없지 않나 하는 단순한 생각 말이다.

하지만 달리 생각해 보면 누구나 〈소녀시대〉를 직접 혹은 간접적으로 경험한다는 점에서, 우리 모두를 관통하는 이름이기도 하다. 어린 시절 누구나 '어리다고 놀리지 말아요!' 정도의 반항심은 갖고 살아가니, 노랫말에도 부합하는 찰떡궁합 작명일 수도 있다. '소녀시대'가 첫 번째 정규음반을 내면서 내세운 첫 타이틀이 이승철이 부른 동명의 곡 〈소녀시대〉라는 점을 보아도, 프로듀서가 기분 내키는 대로 대충 지은 그룹명은 아니라는 확신이 든다.

2007년 '소녀시대'가 부른 〈소녀시대〉는 1989년 이승철의 〈소녀시대〉를 리메이크한 곡이다. 그리고 원곡을 보기 좋게 뛰어넘었다. 원곡보다 뛰어난 리메이크곡은 없다는 속설이 있고, 음악에 우열을 가리는 것 자체가 어불성설이기도 하지만 대중음악은 앨범 판매량, 음원 다운로드나 스트리밍 횟수, TV·라디오 방송 출연 횟수 등으로 성과가 명확히 측정된다는 점에서 상대적 비교는 얼마든 가능하다.

처음 이승철에게 관심을 가진 계기가 바로 〈소녀시대〉였다. 어릴 적 방송이라고 해 봐야 오직 공중파 3사가 전부였다. 더 재미없는 건 음악방송 출연 가수들이 대부분 정형화된 모습이었다는 점이다. 가수의 종류가 트로트 가수, 발라드 가수, 댄스 가수로 구분되어 있다고 생각했을 정도다. 크로스오버는 상상 불가였다. 그런데 그는 남달랐다. 사회자는 분명 그룹 '부활' 출신의 록 보컬리스트라고 소개했는데, 〈안녕이라고 말하지 마〉라는 조용한 발라드곡을 반말 조로 읊조리더니, 이내 어리다고 놀리지 말라고 외치며, 무대를 휘젓고 다녔다. 카메라를 정면으로 응시하며 키스 퍼포먼스를 하던 모습은 지금 생각해도 시대착오(!)적이었다.

외부 환경 변화를 잘 흡수하는 10대도 적잖은 충격을 받았으니, 함께 방송을 보던 부모님이 세상 말세다, 요즘 젊은 애들 큰일이라고 말하는 것도 이해 못 할 바는 아니었다. 물론, 요즘 애들이 문제라는 문구는 고대 이집트의 벽화에도, 1930년에 제작된 영화에도 나오는 레퍼토리로, 시대를 초월하기는 한다. 당연히 21세기 대한민국에서도 현재 진행형이다.

날카로운 미성과 절대 음감, 파격적인 가사, 20대 초반 특유의 자신감과 화려한 무대 퍼포먼스에도 불구하고, 이승철의 〈소녀시대〉가 최고는 되지 못했다. 이 노래로 누군가는 그에게 입문하고, 그가 다양한 음악을 소화하는 전천후 가수로 평가받았을지언정, 누구나 좋아하는 노래, 모두에게 인정받는 가수로 자리매김하는 데는 한계가 있었다. 스물셋 이승철의 〈소녀시대〉는 보편성보다는 특수성, 모두보다는 일부에게 어필하는 음악이었다.

스티브 잡스와는 달리, 타의에 의해 강제 복귀당한 〈소녀시대〉는, 그러나 남녀노소 모두에게 어필하는 노래로 재탄생했다. 예의 날카로움과 무게감은 덜어내고, 진짜 소녀들의 화음과 율동으로 다시 세상의 빛을 본 이 노래는, 결국 18년 만에 음악방송 1위에 오르는 기염을 토했다. 걸그룹 '소녀시대'는 그해 신인상을 휩쓸었고, 이후 그들의 성공 스토리는 우리가 아는 그대로다.

시대가 변하면, 무대의 주인공도 바뀐다. 가요계 선배 혹은 기업의 창업주라고 언제까지나 한자리를 차지할 수는 없다. 후배에게 자리를 양보하는 일, 한발 물러설 때가 되었음을 아는 일, 기꺼이 받아들이기야말로 경륜과 지혜의 산물이다. 어느 날인가, 이승철이 8인조 '소녀시대'와 한 무대에서 〈소녀시대〉를 부르는 모습을 본 적이 있다. 그들보다 한 발 뒤에 서서 코러스로 화음을 넣는 것이 그가 맡은 역할이었다. 그는 무대의 조연이 되는 일에 기꺼이 동참하는 듯 보였다. 세대교체를 자연스럽게 받아들인 것이다. 스포트라이트를 양보하자, 거장의 품격은 더욱 빛이 났고, 선후배 간 협연은 사라지지 않는 찬란한 유산으로 계승됐다.

그로부터 또 십수 년이 흘렀다. 원곡자는 데뷔 40년을 목전에 둔 가요계의 거장으로 자리매김했다. 그는 여전히 음악 프로그램에서 1위를 한 적이 없고, 흔히 말하는 가수왕에 오른 적도 없다. 그러나 그는 누구보다 많은 히트곡을 낸 가수로 살아남았다. 심지어 가요계의 황제, 살아 있는 전설 소리도 듣는다. 흥망성쇠가 뚜렷한 대중음악계에서 숱한 비난과 입방아에도 쉬이 물러서지 않고 꿋꿋하게 버티자, 켜켜이 쌓인 시간에 비례해 그가 실력 이상의 고평가를 받는 것일 수도 있다. 중요한 건, 오르락내리락을 반복하면서도 계속 실행하려는 태도다.

이승철이 더 이상 카랑카랑한 목소리로 3옥타브를 넘나드는 고음 가수가 아니듯, '소녀시대'도 더 이상 세계를 호령하는 걸그룹은 아니다. 30대가 되었으니, 추억 속 소녀로 남아 있는 것보다는, 나이와 역량에 걸맞은 자리를 찾는 것이 새로운 기회임을 기억해야 한다. 인생에는 성장기와 성숙기를 넘어, 쇠퇴기도 찾아온다는 점을 받아들여야 한다.

K-POP의 상징과도 같았던 이수만 역시 세대교체를 거스를 수는 없었다. SM 없는 SM 타운은, 그러나 잘 돌아갈 것이다. 세계적인 기업의 수장도 하루아침에 물갈이되는 마당에, 일개 코스닥 기

업이야 말해 무엇하랴. SM 정도 되는 대기업은 이미 시스템으로
운영되니, 대주주 한 명 바뀌었다고 큰일 날 일은 없다. 하물며, 떠
난 그도, 자기가 일군 회사가 잘못되길 바랄 리 없다. 다행히 그는
모기업에 대한 미련은 뒤로하고, 시니어 투자자로 새로운 인생을
설계 중인 것으로 보인다. 서울대 출신의 가수, MC, 프로듀서, 컴
퓨터 공학도, CEO에 이르기까지, 변신에 변신을 거듭하며 최고의
자리까지 오른 그에게 불투명한 미래는 오히려 좋은 사업 기회일
가능성이 크다. 될성부른 나무를 찾아내 떡잎부터 키워야 하는 투
자자는, 사실 프로듀서 겸 창작자 SM의 인생 시즌 2라고 해도 어
울릴 정도로, 그에게는 안성맞춤이다.

　지나간 영광, 성과에 도취되는 순간 과거에 갇히게 된다. 그러
면, 미래는 없다. 나의 노래, 나의 회사, 나의 이름이라 하더라도,
억지로 이어받을 것을 강요할 수는 없다. 선택은 후배 가수, 후임
CEO, 심지어 나를 쫓아낸 후속 이사회에 맡겨야 한다. 설령 아이돌
그룹이 해체되고, 에스엠엔터테인먼트의 상호에서 SM이 사라진다
해도, 속상해할 필요는 없다. 변화와 혁신이 계속되더라도, 맨 처음
은 각인(刻印)되어 찬란한 유산으로 계승될 것이기 때문이다. 어제
에 대한 미련, 집착을 내려놓고, 다시 시작하면 된다. 고대 이집트
문명, 20세기 무성 영화 전성기, 21세기 인공 지능의 시대를 맞이
한 지금도 여전히 〈소녀시대〉다.

고통과 권태 사이

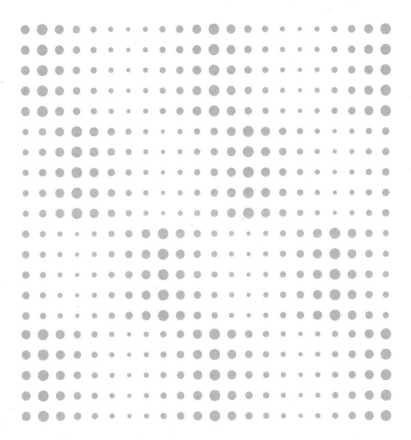

마지막 콘서트 (1990)

1987년 발매된 부활의 2집 《Remember》의 수록곡. 작사·작곡 김태원. 2집에서 가장 유명한 곡 중 하나로, 김태원이 보컬을 맡은 곡이다. 이 곡은 김태원 자신의 실제 이야기를 바탕으로 쓴 곡으로, 가사에 나오는 소녀가 바로 김태원의 당시 여자친구이자 현재의 부인인 이현주였다. 이후 부활을 떠난 이승철이 1989년 '마지막 콘서트'라는 제목으로 리메이크하여 자신의 솔로 1집 《이 승철 Part 2》에 수록했다.

나이 마흔에 대학원에 입학했다. 자기 계발이라는 말로 포장하기는 했지만, 사실 회사 생활의 안정감에 무료함을 느꼈다고 말하는 편이 더 솔직하겠다. 십여 년의 회사 생활 중 처음으로 위기를 겪기도 했으니, 무엇이든 색다른 변화가 필요했다.

첫 번째 아이디어는 빵집 창업이었다. 파리바게뜨 사장님이 되는 건 나의 오래된 꿈이기도 했다. 삼촌이 고향에서 프랜차이즈 매장을 안정적으로 운영 중이기도 했으니, 잘 보고 배운다면 못 할 일은 아니라는 생각이 들었다. 농협 하나로마트 내 한 장소에서만 벌써 십여 년 됐고, 매번 힘들다고 투정하면서도 자녀들 대학 교육까지 뒷바라지한 것을 알고 있기 때문이다. 삼촌도 잘 다니던 대기업을 그만두고 마흔 무렵 창업했으니, 왠지 이거다 싶었다. 그런데 창업비용이 발목을 잡았다. 가뜩이나 아내의 동의를 구하지도 못한 상황에서 빵 가게 차리겠다며 사표 내고 은행 대출까지 받을 수는 없는 노릇이었다. 플랜 A는 자연스럽게 선택지에서 제외됐다.

두 번째는 법학전문대학원, 즉 로스쿨 진학이었다. 성공하기만 한다면야 최선의 선택지임이 분명했다. 평범한 샐러리맨이 전문직의 상징인 변호사로 변신할 수 있는 절호의 기회이기 때문이다. 몇몇 지방소재 로스쿨 입학처에 문의해 보니, 너무 늦은 시작도 아니었다. 퇴직금으로 3년 동안의 학자금과 생활비 정도는 충분히 충당할 수 있을 듯했다. 이번 계획은 아내의 허락도 받았으니, 거칠 것이 없었다. 바로, 노량진 LEET(법학적성시험) 학원 주말반에 등록했다. 그런데 이번엔 내 실력이 문제였다. 장시간 공부해도 점수가 오르지 않았다. 꾸준히 읽고, 외워서 공부한 내용을 풀어낼 수 있는 시험이면 좋으련만, 안타깝게도 법학적성시험은 예전부터 나를 곤란에 빠트렸던 IQ 테스트, 수학능력시험 언어영역과 비슷했다. 첫 모의고사 점수와 마지막 모의고사 점수가 별반 다르지 않았다. 로스쿨 무용론, 사법시험 부활론을 나 홀로 부르짖으며(대답 없는 메아리), 결국 노량진도 답은 아니었다.

세 번째가 박사학위 취득이었다. 금융연수원 출강 교수님의 말씀이 떠올랐다. 혹시 대학원에 진학할 거라면, 마흔 전에는 입학하라는 충고였다. 사십 대 이후에는 아무래도 지식 흡수력, 정보통신 기기 활용 능력이 떨어지니, 조금이라도 이른 나이에 입학해야 끝(학위 취득)을 볼 수 있다는 조언이었다. 그분도 나이 마흔에 박사과정에 진학해 직장생활과 학업을 병행했고, 학위 취득 후에도 꾸준히 논문을 써 결국 대학교수가 되었다. 교수까지는 몰라도, 박사학위는 해볼 만한 도전이라는 생각이 들었다. 4년, 5년, 아니 그보다 더 오랜 시간이 걸린다 해도, 포기하지 않고 계속하다 보면, 언젠가는 이룰 수 있는 꿈 같았다. 실무경험과 이론적 배경을 겸비한 연구자가 되는 것, 교단에 서서 강의(講義)하는 것은 나의 오랜 버킷리스트 중 하나였다.

그러나 호기로운 다짐과는 달리, 학위과정은 고통의 연속이었다. 기왕 하는 거면, 제대로 공부해서 학위를 받겠다는 다짐으로 국립대에 진학했는데, 교수님들을 너무 과소평가했다. 그해 신규 임용된 교수님은 나보다 나이가 젊었는데, 그것도 알게 모르게 고역이었다. 영어 논문을 읽고 분석하는 것, 수백 페이지짜리 이론서를 정독한 후 나의 언어로 해석하고 발표하는 것은 그런대로 할 만했다. 창의성은 떨어져도, 성실성과 책임감만큼은 남들 못지않았기 때문이다. 4학기 동안의 커리큘럼(교육과정)은 무사히 마칠 수 있었다. 나이 든 아저씨가 일과 학업을 병행하면서 휴학 한 번 안 하는 걸 보고, 동기인 동생들이 신기하다며 한 마디씩 거들기도 했다.

실은 마음을 많이 다쳤다. 지도교수님은 수업 내용을 잘 정리하여 발표하는 나를 향해 칭찬하다가도, 내가 엉뚱한 소리를 한 마디 하거나, 통계를 돌리다가 어리바리 헤매기라도 하면, 공개적으로 나를 깎아내렸다. 마흔 넘어 나보다 연배가 어린 교수에게 고문관 소리를 듣는 건 매우 힘겨운 일이었다. 당시에는 그런가 보다 넘어갔지만, 지금 돌이켜 보면, 상아탑의 고질병인 갑질이 아닌가 싶다. 고통의 하이라이트는 교수님의 논문 지도였다. 중간중간 논문을 정리해서 교수님께 지도받았는데, 열 번 찾아가면 스무 번은 혼났다. 글의 흐름이 주제와 무관하다고 한 번, 공부가 덜 되었다고 한 번, 그렇게 두 번씩은 질책받았다.

칭찬받거나 수고했다는 이야기를 들은 적은 없었다. 정작 10대, 20대 학창 시절에는 단 한 번도 받아 본 적 없던 빨간펜 교습을 불혹(不惑)의 나이에 계속 받으려니, 모욕감에 흔들리지 않을 재간은 없었다. 그러나 고통이 나를 멈추게 하지는 않았다. 어찌 됐든, 내가 이론적으로는 한참 모자란 학생임이 분명했고, 논문 쓰는 요령, 통계분석 능력이 부족한 것도 사실이었었으니까. 어쭙잖게 뭘 좀 아는 척하는 나에게, 어쩌면 3년이라는 수련 시간은 너무 짧았을지도 모른다. 내가 취득한 박사(博士)학위는 학문적 성과에 대한 인정이라기보단, 혼나고 또 혼나도 쉽사리 포기하지 않고, 꾸역꾸역 수정, 보완해서 제시간에 연구실로 찾아오는 성실성, 꺾이지 않는 의지를 인정받은 결과로 보는 게 맞을 것이다. 고통 속에서도 의지를 상실하지 않았고, 덕분에 우여곡절 끝에 적잖은 성취감을 맛볼 수 있었다.

일찍이 쇼펜하우어는 산다는 것은 괴로운 것이라고 일갈했다. 그러나 그와 동시에 그는 고통이 곧 삶에의 의지라고 표현하며, 사람은 욕망이 충족되지 않는 한 고통을 느낀다고 보았다. 따라서, 결핍과 부족함은 고통의 원인임과 동시에 모든 의욕의 기초이기도 하다. 결국 인생은 고통과 권태 사이를 왔다 갔다 하는 시계추와 같은 것이다. 나의 대학원 생활도 그러했다. 직장생활의 무료함, 권태로움에서 벗어나기 위해 진학했는데, 이는 나를 고통 속으로 밀어넣는 일이기도 했다. 무료함, 안전감이 권태로 이어졌고, 권태는 새로운 의욕으로, 의욕은 고통으로, 고통은 마침내 성취로 이어졌다.

1988년 1집 앨범 《안녕이라고 말하지 마》로 솔로 데뷔한 이승철은 이듬해인 1989년 12월 《이승철 Part 2》 앨범을 발표했다. 타이틀은 〈마지막 콘서트〉다. "밖으로 나가 버리고" 부분의 긴 호흡으로 유명한, 지금까지도 종종 회자되는 그 곡이다. 이 노래가 공전(空前)의 히트를 기록함에 따라 그는 힘들었던 시간을 이겨 내고 재기에 성공했다. 그런데 사실 이 노래는 1987년 '부활'의 2집에 〈회상 3)이라는 곡명으로 이미 발표된 음악이다. 작사와 작곡은 물론, 노래도 대부분 김태원이 불렀다. 김태원이 지금의 아내를 생각하며 쓴 곡이라고 하니, 어찌 보면 그의 자아(Ego)가 투영된 음악이라고도 할 수 있다. 어두운 분위기의 곡이었기에 아무래도 대중적인 인기에는 한계가 있었다.

지난 3년 동안 둘의 인생에는 많은 일들이 있었다. '부활'의 해체, 이승철의 솔로 독립, 그리고 실수로 인한 〈방황〉의 시간에 이르기까지, 20대 초중반의 사내들에겐 감당하기 어려운 시련기였으리라. 둘은 서로를 향해 자신의 부족함, 결핍을 느꼈을지도 모른다. 팀의 리더를 향한 이승철의 좌절감과 궁핍감, 유독 보컬리스트에게만 쏠리는 대중의 관심으로 인한 김태원의 질투심은 어쩔 수 없는 인간으로서의 욕망이었을 터다.

포문은 이승철이 열었다. 노래의 제목까지 〈마지막 콘서트〉로 바꾸고, 특유의 애절한 감성으로 노래 부르니, 전혀 다른 곡이 되어 대중에게 어필했다. 노랫말처럼 노래가 끝이 나면, 많은 사람의 환호가 이어졌고, 어느덧 그는 독보적 남성 솔로 보컬리스트로서 입지를 구축했다. 결핍이 고통과 욕망을 넘어 성취로 이어진 셈이다. 이제, 결핍은 김태원의 것이었다. 평범한 사람이라면, 저작권 수입에 만족할 수 있었을 테지만, 그는 돈보다는 자존심이 우선인 로커 아니겠는가. 본인의 정체성과도 맞닿아 있는 창작품(Originality)이 어느 날 갑자기 TV 가요 프로그램에서 의도와는 다르게 흘러나오는 것을 듣고는 좌절할 수밖에 없었을 것이다.

하지만 여기서 멈추면 어찌 '부활'일 수 있으랴. 그룹의 해체, 솔로 보컬리스트의 성공으로 심한 우울감에 시달리던 그는 한때 음악을 포기하다시피 했다. 그러나 〈마지막 콘서트〉로 인한 상처와 결핍감은 그의 욕망을 자극했고, 이는 3년 후 〈사랑할수록〉이라는 불후의 명곡으로 이어졌다. 결국, 결핍이 성취를 낳은 것이다. 〈사랑할수록〉이 수록된 '부활' 3집 《기억상실》은 상업적으로 가장 성공한 앨범, 이 노래를 부른 故 김재기는 역대 '부활' 보컬리스트 중 최고의 발견이라 평가받을 정도다. 전화위복이었다.

어느덧 김태원과 이승철은 데뷔 40년을 눈앞에 두고 있다. 그동안 숱한 성취와 실패를 반복한 끝에, 그들은 어느덧 거장(巨匠) 소리를 듣기에 이르렀다. 그러나 만족감은 필연적으로 권태로움을 낳는다. 매월 저작권 수입이 억대에 이르는 작곡가, 큰 자산을 축적한 신랑학교 교장 선생님이라 하더라도, 지금까지의 성취감에 계속 젖어 있을 리 만무하다. 성취와 성취 사이 숱한 좌절감을 맛보았을 것임에도 말이다. 이건 예술가의 숙명일지도 모른다. 살아 있는 한, 누구나 삶의 의지를 갖기 마련이다. 인간의 욕망은 끝없는 목마름과 같다. 이제 두 사람의 시계추는 권태에서 고통의 방향으로 향할 차례다. 예순을 앞둔 그들이기에 예전과 같은 인기와 성공을 기대하기는 어렵다. 그러나 우리가 그들에게 원하는 건 높이가 아닌 깊이다.

시간은 충분히 무르익었다. 그들이 함께 여는 콘서트를 기대해 본다. 마지막이라는 단어는 거슬리니, 공연의 이름은 다음 차례를 기약할 수 있는 〈Never Ending Story〉 정도가 적당할 듯하다. 결국, 고통과 권태의 반복은 〈아름다운 사실〉이다. 사람은 누구나 욕망의 굴레에서 벗어날 수 없다. 변덕스러운 욕망이 있는 한, 인생은 결핍과 만족의 무한반복이라 해도 과언이 아니다. 인간의 욕망은 선하지도, 악하지도 않다. 행복을 추구하려는 자, 욕망에 충실할 일이다.

2장
모든 것은 연결되어 있다

1991

2000

돌이킬 수 없어도

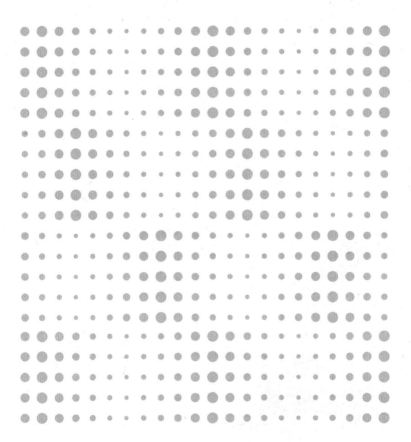

방황 (1991)

1991년에 발표한 이승철의 솔로 3집 앨범 《방황》의 수록곡이다. LP 기준으로 A면 1번 트랙에 실려 있다. 이승철이 직접 작사를 했으며 작곡은 김홍순과 같이 했다. 이승철은 〈방황〉의 공동 작곡과 〈검은 고양이〉, 〈나의 하루〉를 작사·작곡하며 송라이팅 실력을 뽐낸다. 흑인음악을 감각적으로 잘 녹여낸 김홍순의 편곡은 이 앨범에서 주목해야 할 점이다.

2017년 개봉한 영화《맨체스터 바이 더 씨(Manchester by the Sea)》는 한순간의 실수가 사람의 인생을 송두리째 바꾸어 놓는 과정을 세밀하게 보여준다. 과거의 트라우마는 잊으려 애를 써도, 지워지지 않는다. 치명적 실수에 대한 기억은 사는 동안 불현듯, 그리고 시도 때도 없이 떠올라 현재의 인생에 영향을 미친다. 일상의 행복이 과거의 불행에 저당 잡히는 일은 빈번하다.

영화는 미국의 조그마한 항구도시 맨체스터에서 나고 자란 주인공 리(Lee)의 현재와 과거를 교차적으로 보여준다. 축구의 도시인 영국의 맨체스터와 같은 이름을 가졌지만, 사뭇 다른 동네의 정서가 묘하게 대비된다. 이 도시는 고요함, 아늑함, 그리고 이웃 간의 정이 살아 숨 쉬는 공간이기 때문이다. 리(Lee)는 아내, 세 명의 자녀와 함께 소소한 행복을 느끼며 평범한 일상을 살았다. 그런데 지금은 어떤 영문인지 낯선 도시 보스턴에서 아파트 관리인으로 일하며 혼자 산다. 그의 표정은 늘 우울하고, 일상은 무미건조하다. 상실감과 쓸쓸함으로 점철된 삶을 살던 차에, 그는 형의 갑작스러운 부고를 듣고, 오랜만에 고향 맨체스터를 다시 찾는다.

과거의 상처도 여전한데, 형의 죽음까지 마주해야 하는 건 곤욕이다. 게다가, 고향에 남겨진 유일한 혈육인 조카 패트릭의 후견인으로도 지정돼 마음은 더 무겁다. 그는 패트릭을 데리고 보스턴으로 돌아가려 하지만 패트릭은 자기가 나고 자란 이곳을 떠나려 하지 않는다. 심사가 뒤틀린 두 사람의 티격태격 불편한 동거가 시작된다. 리(Lee)의 인생은 맨체스터-바이-더-씨 항구의 파도처럼, 종잡을 수 없이 출렁인다. 한때 이웃사촌이라 불러도 어색하지 않았던 동네 사람들의 그를 향한 수군거림도 여전하다. 설상가상으로, 헤어진 전 부인에게서도 전화가 온다. 더 이상 옴짝달싹할 수 없게 된 리(Lee). 잊을 수 없는 그날의 기억이 떠오르고, 괴로움은 높은 파도가 되어 그를 덮친다.

아픈 기억은 자신의 부주의로 집에 큰불이 나서 세 아이가 모두 하늘나라로 떠난 것, 이에 충격을 받은 아내와 헤어지게 된 일련의 과정이다. 되돌릴 수 없는 잘못에 대한 자책감에 그는 도망치듯 고향을 떠나왔지만, 고통이 그의 일상이 된 지는 오래다. 아픈 기억을 걷어내는 것은 불가능했다. 자기 실수로 삶의 전부였던 소중한 자녀들을 먼저 떠나보냈으니, 그가 스스로 가혹한 형벌을 내리며 사는 것도 이해 못 할 바는 아니다. 순간의 선택이 평생을 좌우한다는 말도 터무니없는 거짓은 아닐 터다. 가족들이 따뜻하게 잠을 잘 수 있도록 집안 온기를 데워두고, 그들이 잠든 틈을 타 맥주 한 캔 사러 집 밖으로 나온 사이에, 이렇게 끔찍한 일이 벌어질 거라고 어찌 상상이나 할 수 있었으랴. 하지만 엎질러진 물은 다시 담을 수 없는 법. 인생의 비극은 이렇듯 되돌릴 수 없는 과거에서 비롯된다.

영화를 본 관객이라면 누구나 지난 실수, 고통과 후회의 순간을 떠올릴 것이다. 그러다 보면, 어느 순간 자기도 모르게 걷잡을 수 없는 감정의 소용돌이에 휩싸이게 된다. 자신의 가혹한 운명을 리(Lee)의 그것과 비교하여 신세를 한탄하게 될 수도 있다. 자식을 먼저 떠나보낸 부모의 남은 인생은, 말 그대로 무간지옥(無間地獄)이다. 인생이 산산조각이 났다고 판단한 리(Lee)가 본인을 심문하던 경찰관의 권총을 빼앗아 자살하려는 장면도 납득간다. 이건 그냥 꾸며낸 창작물(영화)에 불과하다며 한 발 떨어져 보려 해도, 실제로 있을 법한 일인 데다가, 살다 보면 자신의 의도와 전혀 다른 일이 벌어지기도 하기에, 관객은 처연하고 무거운 이 영화에 감정이입을 하게 된다.

그러나 상처뿐인 영혼도 언제까지나 과거에만 갇혀 지낼 수는 없는 일. 리(Lee)도, 이제 한 걸음씩 발을 내디딘다. 조카 패트릭의 후견인 역할이 그 시작이다. 결국 그가 살아가야 할 이유 역시 사람이다. 혈육에 대한 본능적 이끌림, 책임감과 의무감은 삶의 무게임과 동시에, 다시 삶을 영위케 하는 인간의 원초적 동력이기도 하다. 싸움도 상대방을 향한 관심과 삶에의 의지가 있어야 가능한 행위다. 판단컨대, 조카 패트릭이 삼촌인 리(Lee)의 후견인 아닌가 싶기도 하다.

우리는 모두 자신의 의지와는 무관하게, 이 세상에 툭 하고 던져진 존재들이다. 태어난 것 자체가 유일한 소명이고, 그다음은 보너스다. 당장 내일 대단한 이벤트가 없더라도, 오늘 하루를 충실히 사는 것만으로도 충분하다. 특별하고 원대한 목표가 없어도 괜찮다. 행여 잘못을 범하더라도, 예상 밖의 결과가 벌어지더라도, 쉽게 무너져서는 안 된다. 유독 나에게만 시련이 잦다며, 고통에 쉽게 무릎 꿇는다면 세상에 남아날 사람은 많지 않을 것이다. 책임질 일 있으면 책임지고, 비난받을 일 있으면 비난받은 후 같은 실수를 되풀

이하지 않으면 될 일이다.

우리는 모두 원죄(原罪)를 안고 살아가는 미물(微物)이다. 사람은 누구나 실수한다. 종교인이건 무신론자건, 판사건 피고인이건, 예외는 없다. 누구든 돌이킬 수 없는 실수, 말 못 할 비밀 하나쯤은 안고 산다. 남들의 손가락질에 너무 신경 쓰지 말고, 다음 단계로 넘어가야 한다. 실수 이후에도 삶은 계속되기 때문이다. 최종 판단은 신의 영역이다.

1991년, 이(Lee) 승철은 〈방황〉을 발표했다. 파란 넥타이, 줄무늬 팬티라는 다소 파격적인 가사, 그리고 개그맨 박명수가 원가수를 모창한 것으로 유명한 노래다. 가사는 이승철이 직접 썼고, 작곡과 편곡은 김홍순이 했다. 그는 〈방황〉보다 조금 이른 시기에 발표돼 인기를 얻은 이현우의 〈꿈〉을 만든 작곡가다. 〈방황〉은 당시 우리나라에서 쉽게 들을 수 없었던 강력한 비트와 흑인 댄스곡의 분위기가 어우러진 팝 음악이다. 세련되고 독특한 가요 〈꿈〉을 맘에 들어 한 이승철이 직접 작곡가를 수소문해 음악을 부탁했다는 후문이다. 흔들리는 청춘의 방황과 유혹을 솔직한 가사와 거침없는 멜로디에 담아낸 이 노래는 90년대 초반 위풍당당한 X-세대에게 제대로 어필했다.

이승철 3집의 앨범명도 《방황》이다. 스무 살 이른 나이에 데뷔해 특유의 미성과 가창력, 그리고 미소년 같은 외모로 전성기를 누리던 이승철은, 그러나 돌이킬 수 없는 실수도 했다. 수치와 모욕을 견딘 그가 인생의 〈방황〉을 일단락하고, 이제는 새로운 삶을 살겠

다는 다짐을 역설적인 제목으로 표현한 것이 아닐까 한다. 일거수
일투족이 세상에 다 알려지는 유명인은, 잘못으로 감당해야 할 대
가가 일반인과는 비교 불가다. 당대 최고의 인기를 구가하던 이승
철이었기에 비난은 더욱 거셌다. 대중은 익명성 뒤에 숨어 유명인
에 대한 악담을 늘어놓는 데 여념이 없다. 그건 30년 전이나 지금
이나 마찬가지다. 그가 스스로 인정했듯이, 연예인이 껌처럼 씹히
는 것은 숙명이다. 인간의 숨겨진 욕망은 공공의 적을 필요로 하기
에 욕먹는 건 피할 도리가 없다.

　상처가 아물어도, 흔적은 남는다. 주홍 글씨는 한 사람의 이름
뒤에 평생 따라붙는 꼬리표가 될지도 모른다. 한 사람이 남긴 삶의
성취, 주변 사람들에게 남긴 향기에 따라, 비판의 깊이와 넓이가
달라질 뿐이다. 만약 시대를 잘 타고난다면, 운이 좋다면, 어물쩍
넘어갈 수도 있다. 반대로 필요 이상의 가혹한 비난에 처할 수도 있
다. 당시에는 세상의 온갖 욕을 다 듣는 것 같아도, 그동안 쌓아 온
명예와 부가 한순간에 사라지는 것 같아도, 세상이 다 무너지는 것
같아도, 실은 그렇지 않다. 단, 변명과 회피가 길어져서는 안 된다.
인정할 건 인정하고, 고개를 숙일 줄 알아야 다음이 있다. 전과 같
은 최선으로 회귀하지는 못하더라도, 차선은 가능하다. 행여 예상
하지 못한 결과로 이어진대도, 최악만은 피할 수 있다. 위 두 명의
리(Lee)가 생생한 증거다.

　이승철은 오뚝이로 불릴 만하다. 수십 년간 숱한 위기를 겪었지
만, 그는 언제나 다시 일어섰다. 그는 팬에게 사인(Sign)을 할 때마

다 이름 옆에 Born again을 함께 적곤 했는데, 이는 그가 밴드 '부활' 시절의 초심을 기억하겠다는 의미에 더해 오뚝이 같은 면모를 유지하겠다는 의지의 표출이기도 하다. 사실, 라이브의 황제 같은 수식어는 만천하에 외치기 다소 민망하다. 저마다의 선호, 취향, 개성은 제각각이기 때문이다. 그러나 오뚝이라는 별명만큼은 제격이다. 상식에도 부합한다. 유행가라는 단어에서도 알 수 있듯이, 대중음악계는 변화무쌍하다. 그런 환경에서도, 실패와 재기를 반복하며 지금껏 40년을 버티고 있다는 점, 고통과 권태의 반복 속에서도 자기 자리를 지킨다는 점에서, 그의 삶은 시사하는 바가 크다. 부러워해 봐야 소용없는 그의 타고난 재능 말고, 오뚝이 같은 자세를 배울 일이다. 돌이킬 수 없어도, 우리의 삶은 계속되기 때문이다.

먼저 연락을 해야 한다

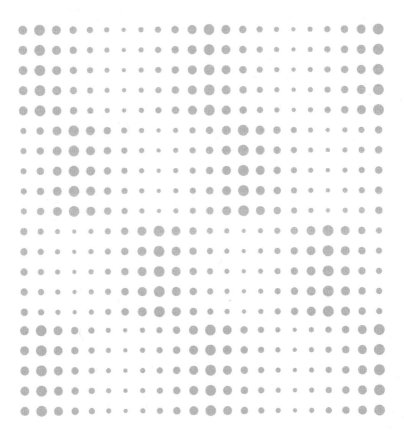

추억이 같은 이별 (1991)

1991년에 발표된 이승철의 3집 앨범 《방황》에 수록된 곡이다. 이승철의 감각적인 보컬과 깊이 있는 가사로 많은 사람들에게 사랑받았다.

사람이 떠난 자리엔 추억이 남기에 견딜 만하다. 함께 즐겨 듣던 음악이 있다면 더 애틋하다. 시간, 경험, 음악을 공유한 사이라면, 헤어졌어도 헤어진 게 아니다. 길을 걷다가도, 부지불식간에 〈그 사람〉이 떠오르기 마련이다. 꼭 이성이 아니어도 그렇다. 추억은 이별보다 더 아름답다.

대학교 입학식 날 윤석이와 처음 만났다. 그가 내 옆에 서 있었고, 내가 먼저 그에게 말을 걸었다. 우연이었다. 입학 전 아버지가 같은 과에 입학한 고향 친구의 아들이 있다며 소개해 준다고 말씀하신 적이 있었는데, 알고 보니 그게 바로 윤석이었다. 이 정도면 우연을 가장한 필연이겠거니 생각하며, 우리는 대학 4년을 함께했다. 사실 우리는 물과 기름처럼 섞이기 힘든 관계이기도 했다. 자라온 환경, 성격, 생활 습관이 서로 달랐고, 무엇보다 경제력 차이가 컸다. 시쳇말로, 금수저와 흙수저의 차이라고 해도 과언은 아니다. 동기들도 그와 내가 붙어 다니는 걸 보면, 하나같이 의아해했다.

하지만 스무 살의 청년 둘에게 뒷배경 따위는 크게 중요하지 않다. 친구 덕분에 나는 압구정 날라리 행세도 해보고, TV에서나 보던 연예인들과 밥자리, 술자리도 경험할 수 있었다. 국어와 한문을 특히 어려워하던 친구를 위해 명심보감 교양수업 숙제를 도와주면 될 일이었다. 조건 없는 우정이라고 하긴 어렵지만, 그렇다고 우정의 조건 따위를 내걸 필요는 없었다. 어느 일방의 희생이 담보된다면, 어떤 관계도 오래 지속될 수 없다.

그는 나에게 한 번 사는 인생 새로운 일에 도전하며 자유롭게 살 것을 권했다. 나는 그에게 한 번뿐인 인생 성실하게 살 것을 권했다. 서로의 강점(S), 약점(W), 기회(O), 위협(T) 요인을 속속들이 알고 있기에 가능한 분석이었다. 그러나 남의 인생에 충고, 조언, 비판은 함부로 할 게 못 된다. 남이 해준 인생 설계의 유효기간은 짧다. 스스로 말하고, 꿈꾸고, 그리는 대로 삶은 흘러가게 되어 있다. 이십 년이 지난 지금, 친구는 외국에서 사업하면서 살고, 나는 이 땅에서 회사 다니면서 사는 중이다. 모두 말한 대로다.

공교롭게도, 우리에겐 이승철이라는 공통점도 있었다. 처음엔 내가 그에게 이승철을 소개했는데, 나중엔 그가 나에게 이승철을 소개했다. 가요에 크게 관심이 없던 친구도 희한하게 이승철의 음악과 콘서트엔 진심이었다. 안암동과 대치동을 오가던 그의 노란색 스포츠카 안에서 우리는 이승철 CD를 함께 들었고, 연말이면 크리스마스 콘서트를 함께 즐겼다.

스타가 별인 이유는 닿을 수 없는 밤하늘에서 반짝거리기 때문이다. 그래서 나는 "별이 빛나는 밤에"는 〈보이지 않는 사랑〉이 제격이라고 생각했다. 넘보지 못할 자리는 쳐다보지 않았다. 새 앨범이 나오면 사서 듣고, 콘서트를 하면 가서 듣는 게 전부였다. 가장 큰 일탈은 팬 미팅 참석 정도였는데, 그 역시도 한때였다. 그 이상은 언감생심이었다. 그러나 윤석에게는 상상이 곧 현실이고, 현실이 곧 상상이었다. IMF의 여파가 채 가시지 않은 1998년, 입대를 준비하고 있던 어느 날, 그가 나를 이승철 콘서트에 초대했다. 그런데 이게 웬일, 줄 서서 기다리지도 않고, 별도 출입구로 무료(Free)-

입장(Pass)하는 것이 아닌가. 내 옆자리엔 축구선수 안정환, 고종수가 앉아 있고, 그 옆으로는 TV에서 많이 보던 연예인들이 보였다. 가만히 보니, 여기는 돈 낸다고 내어주는 자리가 아니라, 매우(Very) 중요한(Important) 사람(Person)을 위해 마련된 특별석이었다.

한참 뒤편에 팬클럽 회원들을 위한 자리가 보였고, 낯익은 회장단의 얼굴도 눈에 들어왔다. 그 자리만 해도, 30% 할인된 가격에 더할 나위 없는 위치일진대, 이곳은 차마 상상도 못 한 자리였다. 넘보지 못할 자리라는 생각에, 공연 내내 즐거움보다는 불안함을 느꼈다. 콘서트를 제대로 즐기지 못했음은 물론이다. 나의 불편함을 감지한 그가 이 순간을 즐기라며 핀잔을 줄 정도였다. 한술 더떠서, 친구는 공연이 끝나고 난 후 나를 무대 뒤편으로 안내했다. 공연스태프 사이를 뚫고 들어가, 흰 가운을 입고 소파에 앉아 쉬고 있던 공연의 주인공에게 나를 소개하는 게 아닌가. "형! 오늘 공연 잘 봤어요. 여긴 형님의 오래된 팬이자, 제 친구예요. 예전에 제가 말씀드린 적 있었는데, 기억하실지는 모르겠네요!" 물론, 그날도 나는 나의 존재감을 그(이승철)에게 각인시키지 못했다. 쭈뼛거리고, 목소리는 기어들어 가는데, 왁자지껄한 콘서트장 무대 뒤, 수많은 사람 틈에서 어찌 눈에 들 수 있겠는가. 소심한 나를 이끌어 손수 인사까지 시켜 준 친구에게도 민망한 일이었으리라.

언젠가 친구는 나에게 지나가는 말로 이승철과 알고 지내고 싶다는 말을 한 적이 있다. 그가 이승철의 노래 중 〈추억이 같은 이별〉과 故 김정호의 〈이름 모를 소녀〉 리메이크곡을 맘에 들어 한 후였다. 돌이켜 보면, 말하는 대로, 생각하는 대로 사는 윤석이에게 다음 스텝은 이미 정해진 것이었다. 나는 두 사람 사이 〈인연〉에 대해 자세한 내막은 알지 못한다. 그러나 결과적으로 뜻이 있는 곳에 길이 있다는 속담이 그저 허튼소리가 아님을 몸소 체험했다. 월터의 상상이 현실이 됨을 두 눈으로 똑똑히 확인했다.

　나의 질문에 친구의 대답은 간단명료했다. 수소문해 먼저 연락하고, 용기 내 찾아가서 인사한 게 전부란다. 스무 살의 내가 윤석이에게 먼저 다가가 말을 건 후, 우리가 친구가 된 것과 그다지 다를 바 없는 이야기다. 다른 게 있다면, 거리낌의 있고 없음이다. 즉, 용기를 내느냐의 여부다. 기껏해야 이십 대 초반의 대학생이 돈이 있으면 얼마나 있고, 내세울 게 있어야 얼마나 있겠는가. 친구도 보편적인 한국 사람의 정서와 상식에 대한 부족함을 느끼던 〈실수투성이〉이자, 나에게 도움을 요청하는 서툰 유학생일 뿐이었다.

　친구의 행보는 계속 남달랐다. 부모의 도움 없이 자기 밥벌이하던 그는, 대학 졸업 후에도 취업 대신 창업을 선택했다. 아버지의 대를 이어 중견기업 2세 CEO의 길을 걷는 대신, 본인이 그렇게 좋아하던 수입차, 이륜차량(오토바이) 매매 상사를 십여 년간 운영하며 덕업일치(德業一致)를 실천했다. 그는 좋은 대학 졸업해서 엉뚱한 일 한다고 부모님에게 욕도 많이 먹었다. 동기들도 대부분 의아해했다. 그러나 남들이 뭐라건 간에 그는 대담함을 무기로 삼아 미국인, 중국인, 러시아인, 베트남인 등 국적과 인종을 가리지 않고, 외국인들을 상대로 오토바이를 사고팔았다. 덕분에 달러도 많이 벌고, 세금도 많이 냈다. 세무조사 나온 국세청 직원을 향해, 당신 외화 벌어 봤느냐며 으름장 놓는 사람은, 그를 제외하곤 단 한 번도 본 적이 없다.

윤석이가 한국을 떠난 지도 벌써 10년이 지났다. 하버드 대학 교과서인 마이클 포터의 경쟁전략, 맨큐의 경제학을 독파하지 않아도, 그가 직접 체득한 성공 경험, 실패 경험만 잘 녹아내면, 그것이야말로 살아 숨 쉬는 최고의 교재가 될 것임을 믿어 의심치 않는다. 아니나 다를까, 그가 입사한 뒤로는 아버지 때보다 회사가 더 견고하게 성장하고 있다는 소식이 들려온다. 이제 글로벌 회사 CEO와의 연락 두절은 나의 운명으로 받아들이기로 한다. 헤어질 결심이다.

그래도 괜찮다. 우리는 〈추억이 같은 이별〉을 공유 중이기 때문이다. 스무 살 시절 함께한 경험과 음악은 영원히 뇌리에 남는다. 힘들 때마다 곱씹을 수 있는 추억을 나누고 있으니, 그것으로 충분하다. 언젠가, 그가 나를 초대한다면, 나는 거리낌 없이 글로벌 생산공장을 방문할 의향이 있다. 세상을 보는 눈과 가치관, 경제력의 차이는 더 선명할지언정, 그도 나도 모두 도전과 안전, 자유와 책임 사이 어디쯤을 공유한 채, 서로의 삶을 산다. 넘보지 못할 자리는 없지만, 넘지 않아야 할 선도 있음을 알기에, 각자의 자리에서 서로를 응원하면서 말이다.

1991년, 스물다섯의 이승철은 〈추억이 같은 이별〉을 발표했다. 그가 직접 작사하고, 그의 오랜 벗 손무현이 작곡한 노래다. 가슴

아프게 이별하더라도, 추억이 같다면 결국 행복할 수 있으리라는 노랫말이 인상적인 곡이다. 음악은 기-승-전-결이 분명하다. 클라이맥스 부분에서는, 록그룹 보컬리스트 출신 이승철 특유의 거침없는 미성과 절규가 귀를 자극한다. 같은 3집 앨범에 수록된 타이틀곡 〈방황〉이 더 많은 인기를 얻었지만, 당시 중학생이던 나는, 그리고 또래의 남학생들은 〈추억이 같은 이별〉에 더 높은 점수를 부여했다.

'부활'을 탈퇴해 솔로로 전향한 이승철의 곁에는 작곡가 겸 기타리스트 손무현, 그리고 베이시스트 윤상이 있었다. 먼저 손을 내민 건 홀로서기에 도전한 솔로 가수 이승철이다. 특히, 손무현은 그에게 곡을 선물하고, 오랜 기간 전국 투어 콘서트도 함께하는 등 음악적으로 교류하면서 깊은 우정을 나누었다. 방송에 출연해 서로를 향해 수위 높은 농담을 주고받을 정도니, 두 청춘의 우정은 의심할 여지가 없었다. 그러나 3집 이후 손무현이 작곡하고 이승철이 부른 노래는 찾아보기 힘들다. 성공 후 이별은 자유를 꿈꾸는 예술가의 숙명인지도 모른다. 이별도 용기와 실력이 뒷받침될 때 가능하다. 20년 후 《슈퍼스타K》의 심사위원으로 출연한 이승철이 경연자로 출연한 손무현의 조카에게 삼촌의 안부를 묻는 장면을 보고, 우정의 무색함을 느낄 필요는 없다. 그들도 우리처럼 〈추억이 같은 이별〉을 공유 중일 테니, 〈그것만으로〉 충분하다.

만나고 헤어지는 게 우리네 삶의 전부다. 보고 싶은 사람이 있다면, 거리낌 없이 먼저 연락하고, 찾아갈 일이다. 밤하늘의 별로만 생각했던 스타도, 별빛의 이면에 외로움과 어둠을 안고 산다. 뜻밖의 지구별 손님이 찾아와 손을 내밀면, 기다렸다는 듯이 제빛을 내어줄지도 모른다. 애당초, 꿈꾸지 못할 별, 넘보지 못할 자리 같은 건 없다. 〈인연〉이라면 오랜 기간 교류할 기회가 되고, 행여 우연이라도 한두 번의 만남은 가능하다. 만남에는 갑도 을도 없다. 낯선 이에 대한 설렘과 떨림이 있을 뿐이다. 마다할 이유는 없다. 섞이지 못하는 물과 기름도 서로의 곁을 내어준다. 필요한 건 거리낌 없이 한 발을 뗄 용기가 전부다. 한 번 사는 인생이건, 한 번뿐인 인생이건, 말하는 대로 생각하는 대로 흘러갈 따름이다. 용기를 내어야 〈추억이 같은 이별〉을 공유할 수 있다.

세월은 쌓이는 것이다

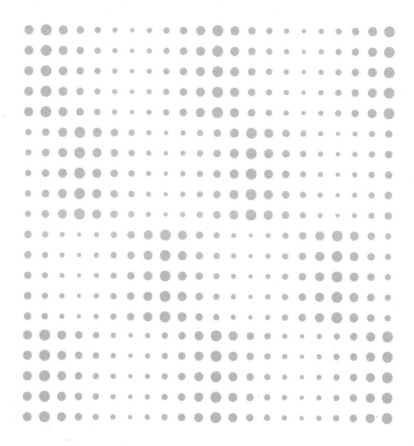

달은 해가 꾸는 꿈 (1992)

〈달은 해가 꾸는 꿈〉은 박찬욱 감독의 데뷔작인 《달은 해가 꾸는 꿈》의 동명 주제곡이다. 1992
년 2월 29일 개봉한 이 영화는 홍콩 느와르 스타일로 기획되었고, 가수 이승철이 주연을 맡아 화
제가 되었으나 흥행에는 실패했다.

중학교 동창 친구들과 3학년 때 담임 선생님을 만났다. 선생님이 30여 년간의 교직 생활을 마무리하고 정년퇴직하시기 때문이다. 그가 스물일곱 첫 교사 생활을 시작할 무렵 입학했으니, 올해는 우리의 중학교 졸업 30주년이기도 하다. 선생님, 그리고 대원, 제진, 병훈이가 30년간 살아온 인생 이야기를 듣고 있자니, 저녁 만찬 시간은 쏜살같이 지나갔다. 마치 누구의 인생이 더 파란만장하고 다이내믹한지를 대결하는 시간 같았으나, 누구 한 사람의 손을 들어 주기는 어렵다. 나는 나, 너는 너, 모두 자신을 지목할 따름이다.

선생님은 30년간 평교사였다. 그러나 우리가 기억하고 주목하는 건 그분의 직위가 아닌 정년퇴직에 이르기까지 쌓아 온 세월이다. 19세기 교실에서 20세기 교사가 21세기 학생들을 가르칠 만큼의 시간, 정권이 여덟 번 교체될 만큼의 시간이 흘렀다. 선생님 그림자는 밟지도 못하던 시대에서, 교권 상실이 더 이상 뉴스거리가 되지 않는 시대로 접어들 만큼의 시간이 흘렀다. 지난 30여 년간 그에게 얼마나 많은 일들이 있었는지 나는 잘 알지 못한다. 그러나 성인군자가 아닌 이상, 공(功)과 과(過), 호평과 혹평, 잘한 일과 잘못한 일이 뒤섞여 있을 것임은 분명하다. 제자들의 고해성사가 이어지듯이, 선생님도 부임 초기 본인의 의욕이 과했음을, 이성보다 감정이 앞섰던 적이 있음을 고백하셨다. 모든 일들은 다층적이다. 중요한 건 그가 숱한 이슈들을 겪으면서도 교육 현장을 떠나지 않고 30년 이상을 지켰다는 점, 그리고 정년퇴직을 맞이했다는 점이다. 제 갈 길을 가던 제자들이 그의 퇴직을 축하하기 위해 30년 만에 자발적으로 모인 것이야말로 명예로운 마무리의 증거 아니겠는가. 세월은 무심하게 흐르지 않고, 켜켜이 쌓이는 법이다.

1992년 우리의 중학교 3학년 시절 영화감독 박찬욱은 자신의 첫 작품을 세상에 내놓았다. 영화의 제목은 《달은 해가 꾸는 꿈》이다. 칸의 남자 박찬욱의 시작은, 그러나 초라했다. 본인이 기획하고, 시나리오 쓰고, 연출까지 도맡아 야심 차게 내놓은 처녀작은 관객과 평단 모두로부터 철저하게 외면받았다. 영화의 남자 주인공이 무려 청춘스타 이승철이었는데도 말이다.

영화는 조직, 배신, 암투, 우정, 사랑, 이별, 죽음, 회상을 담은 액션 범죄물이다. 실패한 건 영화 흥행뿐 아니다. 이승철이 부른 동명의 영화 주제가 〈달은 해가 꾸는 꿈〉도 별다른 호응을 얻지 못했다. 영화가 가수의 팬덤(Fandom)에 기댄 건, 묘수가 아닌 악수였다. 일련의 사건으로 마음고생을 한 후, 이 영화를 통해 화려한 부활을 꿈꾸던 이승철도 시련을 감내해야 했다. 박찬욱은 이후 영화 평론, 잡지 기고, 비디오 대여점 운영 등을 하면서 다음을 대비했다. 기회는 3년 후 찾아왔다. 이번에도 당대의 스타 이경영, 김민종을 주연으로 캐스팅하는 데 성공했다. 후속작 《3인조》는 그러나 또다시 관객몰이에 실패했다. 평단의 박한 평가도 그대로였다.

오늘날 만인이 흠모하는 박찬욱의 시작도 이렇게 쓰라렸다. 《공동경비구역 JSA》, 《올드보이》, 《박쥐》, 《아가씨》, 《헤어질 결심》으로 이어지는 명작 사이사이 《달은 해가 꾸는 꿈》, 《3인조》,

《싸이보그지만 괜찮아》,《스토커》 같은 흥행 실패작들이 끼어 있다. 우리나라 최고의 감독이라 불리는 박찬욱의 30년도 도전과 시련의 연속이다. 그러나 우리는 안다. 흥행하지 못한 그의 초기작들도 결국 그의 성공을 위한 밑거름이었음을 말이다. 범작이 흥행하는 일, 명작이 흥행하지 못하는 일은 비일비재하다. 이제는《달은 해가 꾸는 꿈》의 흑역사가 오히려 그를 더욱 빛나게 하는 배경이 되기도 한다. "일단 유명해져라. 그러면 당신이 똥을 싸도 대중은 박수를 쳐 줄 것이다"라고 누군가 말했듯이 말이다.《달은 해가 꾸는 꿈》역시 시대를 앞선 작품, 복수 시리즈 3부작의 프리퀄, 최고의 OST 등 개봉 당시와는 전혀 다른 평가를 받은 것도 사실이다.

2021년, TV 프로그램《유명 가수 전》에 출연한 이승철은 30년 만에 처음으로 〈달은 해가 꾸는 꿈〉을 방송에서 라이브로 불렀다. "영원히 이루어질 수 없는 우리의 꿈, 달은 해가 꾸는 꿈"이라는 마지막 가사가 예사롭지 않다. 애잔한 라이브가 올드팬들의 향수를 자극했는지, 유튜브 조회수도 연일 상승세다. "살다 보니, 이 노래를 라이브로 듣는 날이 오네"라는 댓글이 눈길을 끈다. 숨겨진 명곡, 지금 발표되어도 충분히 히트할 만한 노래라는 평도 들었으니, 30년의 한(恨)이 어느 정도는 풀린 셈이다.

어느덧 나의 사회 경력도 훌쩍 20년을 넘어섰다. 인간의 보편적 성정이 긍정보다는 부정, 기쁨보다는 슬픔에 경도되어 있다고는 하나, 아무래도 내 지난 인생을 스스로 높이 평가하기는 어렵다. 오히려 회한(悔恨)의 시간이라 보는 편이 낫겠다. 제아무리 거장(트

匠), 대가(大家) 소리를 듣는 사람이라 하더라도 불특정 다수로부터
야박한 평가를 받는 시대 아니던가.

돌이켜 보면, 나의 20년은 도전과 시련의 연속이었다. 깜냥껏
노력한다고는 했어도, 원하는 대학, 원하던 회사, 원했던 부서로
진입하지 못했다. 연애, 투자, 재테크도 내 뜻대로 이루지 못한 적
이 많다. 사람에게 상처 주고, 되로 돌려받은 적도 있다. 순간순간
전력을 다했느냐고 물어본다면, 고개를 쉬 끄덕이기도 어렵다. 타
고난 재능이 부족하다면 최선이라도 다했어야 하는데, 그러지도
않았으면서 애먼 운명을 탓했던 적도 많다.

그러나 중학교 동창 녀석도, 존경하는 선생님도, 최고의 영화감
독도, 내 인생의 가수도 시련을 겪으며 살아왔다. 그들이라고 언제
나 최선을 다했겠는가. 때로는 적당히 요령도 피우고, 노력치 이상
의 결과도 기대하며, 일이 잘 풀리지 않을 때는 하늘도 탓하며 살
았을 것이다. 하지만 여태껏 포기하지 않고 제자리를 지키고 있다
는 점만큼은 모두 비슷하다. 나의 꾸준함은 배신당하지 않았다. 20
주년 재직 감사패, 각종 상장, 그리고 누적된 퇴직금 등이 그 증거
다. 비록 남들보다 몇 발짝 늦는 한이 있어도, 나의 세월 역시 무심
히 흐르지 않고 계속 쌓이는 중이다. 되는대로 살지 않고, 사는 대
로 되려고 시도하다 보니, 몇 개의 자격증과 박사학위도 취득했다.
숱한 도전 끝에 전도유망한 기업의 초기 투자자가 되는 행운도 얻
었고, 졸작일지언정 책도 한 권 출간했다. 행복한 가족의 가장이 된
건 인생 최고의 축복이다. 도전과 도전 사이 작은 성취는 디폴트값

이다. 완벽한 성공, 완벽한 실패란 없다. 시행착오를 통해 도전과 성취가 반복될 뿐이다.

일구이무(一球二無). 야구의 신이라 불리는 김성근의 표현이다. 공 하나를 던지고 나면 끝이다. 일단 공을 던졌으면 후회할 필요는 없다. 마운드를 떠나지 않는 한, 다음 기회는 올 테니까 말이다. 잘 던진 공이든, 폭투든 던지고 난 후의 결과는 덤덤하게 받아들이면 된다. 가끔 꽉 찬 스트라이크를 심판이 오해해 볼로 판정하더라도 말이다. 3할의 타율이면 명예의 전당에 오르고, 평생 타율 4타수 1 안타만 되어도 준수한 타자 소리를 듣는다. 중요한 건 꾸준한 출전 이다.

30년 차 영화감독 박찬욱은 강력한 주제 의식, 시각적 연출(미장센), 진보적 사상(페미니즘)으로 높이 평가받는다. 하지만 그와 동시에, 극단적인 과잉, 금기의 위반, 잔인한 폭력성, 그리고 페미니즘으로 평가절하되기도 한다. 살펴보니, 그가 연출, 기획, 감독한 영화 약 35편 중 흥행에 성공한 영화는 대략 7편 정도다. 거장(巨匠)의 타율은 겨우 2할대다. 60년 차 야구 감독 김성근은 야구의 신, 하늘의 선물이라는 호평과 비민주적 승리 지상주의자라는 혹평을 동시에 받는다. 야신(野神)의 KBO 감독 통산 성적은 1,386승 1,212패 60무다. 최고의 승부사도 거의 이긴 만큼 졌다. 40년 차 가수 이승철에게도 라이브의 황제, 국민가수라는 평가와 함께 실력이 과대평가된 가수라는 박한 세평이 따라붙는다. 그는 지금까지 대략 150곡 이상을 발표했는데, 히트곡은 겨우(!) 40곡 정도다.

통산 타율은 채 3할이 안 된다.

이쯤 되면, 대가(大家)들의 인생도 시행착오의 역사다. 그러나 이 정도의 승률로 그들은 각자의 분야에서 거장(巨匠)으로 추앙받는다. 핵심은 꾸준히 결과물을 내놓는 것이다. 그러려면 계속해서 자기 자리를 지켜야 한다. 스트라이크냐, 볼이냐는 둘째 문제다. 어쩌다 간혹 나오는 안타가 그들의 명성을 뒷받침할 따름이다. 통산 타율도 세월도 흐르는 것이 아니라, 쌓이는 것이다.

지금의 내 나이면, 아직 박찬욱 감독의 《박쥐》, 《아가씨》, 《설국열차》, 《헤어질 결심》이 나오기도 전이다. 김성근 감독이 SK 와이번스에서 야구 인생의 꽃을 피운 때보다는 무려 스무 살 가까이 젊은 시절이다. 이승철은 이 나이에 프러포즈 송 〈My Love〉를 발표했었다. 사회생활 20년 차라 해 봐야 아직 갈 길은 멀다. 성공과 실패를 운운할 단계는 더더욱 아니다. 무엇이든 결과물을 계속 내어놓아야 타율이라도 책정할 것 아니겠는가. 박찬욱, 이승철의 흑역사 〈달은 해가 꾸는 꿈〉도 어느새 나의 플레이 리스트에 올라 있다. 영원히 이루어질 수 없을 것 같던 꿈도 때로는 현실이 된다. 영원한 실패는 없다. 시도하는 한, 성취가 계속 쌓일 뿐이다.

재기 지원 제도의 필요성

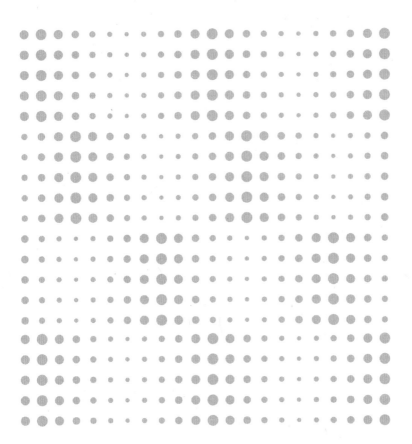

사랑할수록 (1993 & 2002)

1993년 11월에 발표한 부활의 3집 《기억상실》의 타이틀 곡. 작사, 작곡, 편곡 모두 김태원이 작업했다. 당시 부활의 새 보컬이었던 김재기가 93년 8월 불의의 교통사고로 숨을 거두면서 어쩔 수 없이 해당 데모 트랙을 앨범에 수록하게 되었다. 3집에서 김재기의 목소리가 들어간 곡은 〈사랑할수록〉, 〈소나기〉, 〈흑백영화〉 단 세 곡뿐이고, 모두 원테이크 연습 녹음본이다.

우여곡절 끝에 대학원을 졸업했다. 누구나 그렇겠지만, 마지막 관문인 박사학위 논문은 수년간의 고민과 노력이 투영된 최종 결과물이다. 한 가지 주제에 깊이 빠져들면, 이성적인 판단이 흐려지는 경우가 있는데 학위 논문이 딱 그 격이다. 이 주제로 논문을 발표하면, 분명 세상이 깜짝 놀라겠지? 저명한 학회로부터 강연 요청을 받겠지? 같은 생각이 들기도 한다. 물론, 그건 쓸데없는 혼자만의 상상에 불과하다.

오랜 실무 경험을 토대로 선정한 주제였던 터라, 나도 혼자서 상상의 나래를 펼치곤 했다. 관련된 선행 연구가 많이 축적되지 않았던 때라, 내가 해당 주제에 관한 선구적 연구자로 기록될지도 모른다는 〈착각〉도 했다. 그러나 결과적으로 내게 남은 건 첫째가 자괴감, 둘째가 무력감, 마지막이 안도감이었다. 늦깎이 대학원생의 처절한 몸부림을 안타깝게 여겨 준 지도교수님의 배려 덕분에 간신히 졸업할 수 있었다. 마지막 자리를 안도감이 차지할 수 있어 참 다행이었다. 여러 교수님의 날 선 지도 편달로 인해, 만리장성에 내 벽돌 쌓기가 얼마나 어려운 일인지 깨달았다. 그저 얻어지는 것은 없다. 세상에 나의 흔적을 남기는 일에는 지극정성이 필요하다.

논문 주제는 "재기 지원 제도의 필요성"이었다. 그때도 지금도, 나의 주된 관심 분야는 최고경영자, 즉 CEO의 기업가정신, 경영성과, 사업 실패 경험, 그리고 재기·재도전 지원 제도다. 잘나가는 기업, 성공한 CEO 관련 연구는 셀 수 없을 정도로 많다. 성공 사유는 각양각색이니, 수많은 논문과 베스트셀러가 뒤를 따른다. 예를 들어 "최고경영자의 기업가정신이 경영성과에 미치는 영향에 관한 연구"라면, 논문을 쓰는 연구자도, 그 논문을 심사하는 학자도 일단은 마음이 편하다. 논문이 엉뚱한 방향으로 길을 잃고 헤매지 않을 가능성이 크기 때문이다. 성공을 주제로 글을 쓰는 것도 기분 좋고, 예상하던 결과가 나올 확률도 높다. 설령 여러 개의 가설 중 한두 가지 예상 밖의 결과가 나오더라도, 누구나 인정할 만한 긍정적 변수를 첨가해 경영성과가 개선되리라는 희망 섞인 결론에 도달할 수 있다. 논문이 신선하지는 않겠지만, 신선함을 추구하는 건 의욕만 넘치는 초보 연구자이거나 해당 분야의 거장뿐일 테니, 무난함을 걱정할 필요는 없다.

그러나 사업 실패에 관한 이야기라면 사정이 꽤 다르다. 실패의 원인을 분석하는 글도 물론 차고 넘친다. 그러나 모두 사후약방문(死後藥方文)일 뿐이다. 실패를 미리 방지하는 보고서, 결정적인 순간 일의 중단을 주장하는 논문은 찾아보기 어렵다. 미래를 예측하는 건 전통적 의미에서 학문의 영역도 아니다. AI나 시뮬레이션 프로그램, 과거 데이터의 도움으로 경영 의사결정에 참고는 할 수 있겠지만, 기본적으로 사업은 불투명성에서 최고경영자가 여러 선택지 중 하나를 고르는 일의 연속이기 때문이다. 역사적으로, 사업은 일단 시작하면, 무조건 실패 확률이 높은 게임이다. 그걸 알면서도, 나만은 예외일 거란 확신으로, 간절히 바라면 온 우주가 나를 도와줄 것이라는 긍정의 힘으로, 지금도 누군가는 첫 번째 펭귄(First Penguin)이 되어 바닷속으로 뛰어들고 있다. 기업의 실패와 성공을 가르는 제1의 요인은 누가 뭐래도 CEO의 역량과 의지다.

실패한 CEO들을 대상으로 논문을 쓰는 일은 거의 불가능에 가깝다. 인터뷰도, 설문조사도 쉽지 않기 때문이다. 소수의 이야기를 들어볼 수는 있겠지만, 그것을 일반화할 수는 없다. 운 좋게 100명의 전직 CEO를 만나 그들에게 실패의 원인을 묻는다 치면, 아마 100가지 이상의 답이 도출될 것이다. 사연은 제각각이다. 자기 객관화는 쉽지 않다. 스스로에게서 실패의 원인을 찾으려는 CEO는 많지 않을 것이다. 내가 현직에서 경험해 본 결과, 실제로도 사업 실패의 원인은 다채롭다. 하나의 회사, 한 명의 CEO마다 대하소설 1편이다. 어쩌면, 기업경영 분석은 논문과 보고서가 아니라, 수필과 소설의 영역에 가까울지 모른다.

그러니 사업 실패를 전제로 하는 재기 지원 제도에 대한 논문을 쓴다는 게 얼마나 어려운 일이겠는가. 객관적이고 정량적인 데이터, 즉, 재무제표상의 숫자나 CEO의 성별, 나이, 경력, 업종 등을 주요 변수로 두고 수백 번 통계를 돌려도, 내가 생각했던 결과는 나오지 않는다. 부도가 난 회사에 다시 한번 정책자금을 지원하는 것은 밑 빠진 독에 물 붓기임은 굳이 통계를 들먹이지 않더라도, 상식과 직관만으로 알 수 있다. 당연하게도, 야심 차게 시작된 나의 논문 프로젝트는 인터뷰, 설문조사, 통계분석 모두 원활하지 않았다. 학문적 성과도 보잘것없었다. 단지, 시행착오(Trial and Error)의 노력을 인정받았을 뿐이다.

그러나 우리나라뿐만 아니라, 미국, 일본, 독일 등 자본주의가 성숙하게 자리 잡은 선진국에도 재기 지원 제도는 활성화되어 있다. 창업이 성공하기 어려움은 주지의 사실이다. 실패가 정답에 가깝다. 그러나 경제와 사회발전의 토대는 언제나 기업이다. 창업과 재창업이 계속되지 않으면, 그건 죽은 시인의 사회다. 따라서, 예기치 못한 이유로 곤경에 처한, 성실한 실패자를 위한 재기 지원 제도의 필요성은 힘을 얻는다. 설령 밑이 빠진 독이라 해도, 물을 부어야 할 필요성이 인정된다. 결국, CEO의 재기·재도전을 돕는 일은 생산성·효율성·효과성과 같은 재무적 성과가 아니라, 필요성·당위성·의의 같은 비재무적 성과로 접근하는, 철학과 복지의 영역과 맞닿아 있다. 베트남, 태국, 몽골도 대한민국의 제도를 배워 가고 있으니, 결과적으로 재기 지원 제도는 국격과 이데올로기, 종교와 정파를 모두 초월하는 지구촌의 필수재인 셈이다.

1993년, 그룹 '부활'은 〈사랑할수록〉을 발표했다. 3집 앨범 《기억상실》의 대표곡이다. 당연하게도! 리더 김태원이 멜로디와 가사를 모두 썼다. 김태원은 이 노래의 대성공으로 이름처럼 부활했다. 30년이 지난 지금까지도 많은 팬과 음악인들은 '부활' 최고의 상징곡으로 이 노래를 뽑는다. 나 역시 그러하다. 〈사랑할수록〉은 들을 때마다 상념에 빠질 수밖에 없는, 복잡 미묘한 노래다.

이승철과 결별한 김태원은 수년간 침체의 시간을 보냈다. 삶은 고통과 권태의 반복이라는데, 오직 고통만이 함께할 뿐이었다. 그는 독특한 자아를 가진 예인이지만, 완벽할 수는 없는 사람이기에, 스스로에 대한 실망감과 타인에 대한 시기·질투 등이 한데 어우러져 심연의 늪으로 빠져들었다. 기억하고 싶지 않은 시간, 기억나지 않는 시간, 〈기억을 걷는 시간〉이었기에 앨범명도 기억상실인지 모른다. 그러나 방황하던 그를 다시 잡아 준 것도, 음악으로의 회귀를 이끌어 준 것도, 결국엔 사람이었다. 누구든 사람에 상처받고, 사람으로 치유받는다.

친구의 소개로 무명의 보컬리스트 김재기를 알게 된 김태원은 교회에서 김재기가 노래 부르는 것을 보고 반했다. 그의 성량이 마이크를 쓰지 않고도 예배당 전체를 쩌렁쩌렁 울리게 할 정도로 엄청났기 때문이다. 우수 어린 허스키한 음색, 저음과 고음을 자유자재로 구사하는 보컬 스타일도 김태원이 추구하는 음악과 잘 어울렸다. 김재기가 보컬리스트의 산실인 '부활'의 보컬로 영입되는 역사적인 순간이었다. 처절한 실패를 경험하고 있던 〈두 사람〉이 만났으니, 이제 〈비상〉할 일만 남았다. 그런데 하필이면, 공교롭게도, 이름마저도, 재기와 '부활'이니, 그들의 만남은 운명이라고밖에 달리 표현할 길이 없다.

사실, 앨범에 수록된 〈사랑할수록〉은 정식으로 녹음되지 않은 가이드곡이다. 아직은 수정과 보완이 필요한, 원테이크(One Take) 연습곡이었다. 그러나 결국 그 미완성곡이 그대로 앨범에 실렸다. 까다롭기로 둘째가라면 서러워할 김태원이 프로듀싱한 곡임에도 말이다. 불의의 교통사고로 보컬 김재기가 숨을 거두었기 때문이다. 그의 나이는 고작 스물다섯이었다. 슬픔에 빠진 김태원은 이때의 심경을 "재기가 바람으로 떠났다"라고 표현했다. 불행 중 다행인지, 재기가 떠난 자리에는 그를 빼닮은 동생 재희가 있었다. 완전히 사라지는 것은 없다. 모든 것은 연결되어 있다. 결국, 동생 재희가 형을 대신해 '부활'의 보컬리스트 자리를 이어받았다.

처음 몇 개월은 반응이 없었다. 방송국과 라디오 PD들도 노래가 지나치게 처진다고 핀잔했다. 또다시 실패인가. 반쯤 기대를 접은 어느 날, 우연히 이대 앞에 들른 김태원은 커피숍에서 〈사랑할수록〉 음악이 흘러나오는 것을 듣게 된다. 절망이 희망으로 전복(顚覆)되는 순간이었다. 아니나 다를까, 이때부터 〈사랑할수록〉은 바람을 타고 세상에 퍼졌다. 명곡은 언젠가 진가를 발휘하기 마련이지만, 이 곡만큼은 바람이 도운 게 분명하다.

'부활'은 이 마이너 발라드곡으로 메이저 방송사인 KBS 가요 톱 10에서 몇 주간 1위를 차지했다. 앨범도 100만 장 이상 팔렸고, 이 노래의 유튜브 조회수는 1,800만 뷰가 훌쩍 넘는다. 지금도 후배 음악인들은 이 곡을 연주하고, 재해석하며 떠나간 원곡자를 소환하고 있다. 어느 평론가는 〈사랑할수록〉에 대해 "마이너와 메이저, 엇박을 오가는 특유의 변칙적인 구성과 그 안에서 뽑아낸 죽이는 멜로디, 비와 소녀, 주체와 객체의 모호함 등으로 대변되는 김태원식 서정의 가사, 그리고 음색만으로 슬픈 마초 자체였던 김재기의 보컬"이라는 표현으로 찬사를 보냈다. 김태원도 김재기가 아니었다면 지금의 '부활'은 없다고 단언한다. 여러모로 〈사랑할수록〉은 '부활'의 오늘을 있게 한 보석 같은 곡이다.

2002년, 김태원과 다시 만난 '부활'의 이승철은 콘서트와 방송

에서 여러 차례 〈사랑할수록〉을 불렀다. TV에서의 라이브는 컨디
션 때문인지 음정이 불안하고 힘겨워 보인다. 그러나 빨간 등산복
차림으로 노래한 '부활' 콘서트에서의 〈사랑할수록〉은 지금까지도
전설의 라이브로 언급될 정도로 환상적이다. 누가 역대 최고의 '부
활' 보컬리스트인지에 논쟁은 현재 진행형이지만, 현실 세계에서
김태원과 이승철의 만남은 여전히 가능하기에, 이 곡의 댓글창에
는 유독 둘의 재결합을 바라는 글들이 많다. 그러나 대한민국 최고
남성 보컬리스트 중 하나로 손꼽히는 이승철마저도 '부활'과 가장
어울리는 목소리로 자신이 아닌 김재기를 꼽았다. 동감한다. '부활'
의 음악은 비와 바람을 닮았다.

　　김재기는 바람처럼 떠났지만, 그를 지지하는 재기 지원 제도는
계속되고 있다. 지금의 양자역학, 인공 지능, 융복합 기술로는 그의
생전 모습을 그대로 재현하는 것도, 그의 목소리를 입혀 '부활'의
다른 명곡과 선배 가수 이승철의 노래를 부르는 것도 가능하다. 색
즉시공(色卽是空), 공즉시색(空卽是色)이라 했다. 떠난 것처럼 보여
도, 완전히 사라진 것은 아니다. 그렇다고, 빈자리가 쉽게 채워지는
것도 아니다. 반야심경에 이어 아인슈타인의 이론을 빌리자면, 이
별한 모든 것들은 우주 속 어딘가에 또 다른 에너지로 존재한다. 그
에너지는 시련을 겪는 음악가, 그리고 기업가의 재기를 지원한다.
앞서 재기 지원 제도는 국가와 이데올로기를 넘어선다고 표현했
다. 정정한다. 시간과 공간도 초월한다. 지금은 바야흐로 재기(Born
again)의 시대다.

긴 호흡으로 살기

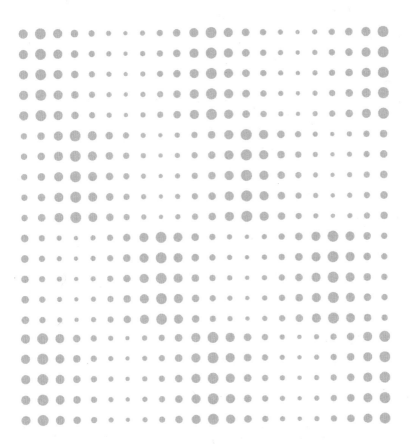

작은 평화 (1994)

1994년 발표된 이승철 4집에 수록된 곡. 작곡은 이승철이 직접 했으며, 작사가는 김종서의 〈대답
없는 너〉, 임재범의 〈고해〉, 〈너를 위해〉 등을 작사한 채정은이다. 발표 당시엔 크게 인기를 끌진
못했으나 점점 알려져 1999년 10월 라네즈 CF 광고음악으로도 사용되었다.

비트코인 불장이 시작됐다. 최근 1년 사이 1bit 거래 가격은 2천만 원대에서 1억 원까지 치솟았다. 거의 4배가 오른 것이다. 다만, 이 시간 이후 또 어떤 방향으로 흘러갈지는 쉽사리 예측하기 어렵다. 누군가는 추가 상승에, 또 누군가는 하락에 베팅할 것이다. 수요와 공급이 일치하는 선에서 거래가 일어나는 제로섬 게임이기에 웃는 자와 우는 자가 나뉠 것이다. 어떤 계기든 간에 최근 들어 비트코인에 관심을 가지고 거래를 한 사람이라면, 이익을 보았을 가능성이 크다. 우리나라 주식시장이 오랜 시간 박스권에 갇혀있다는 점을 생각하면, 한번 맛 들이면 코인 수익률의 달콤함에서 벗어나기 어렵다. 만약 지금까지 노동의 대가로 소득을 창출한 것이 전부였던 사람이라면, 이번 기회에 노동 외 소득의 위력을 실감했을 것이다.

수십 퍼센트, 수백 퍼센트의 수익률이라면, 하루 내내 미소가 떠나지 않고, 머릿속으로는 행복의 회로를 가동하게 된다. 좋은 집, 멋진 차, 해외여행을 생생하게 그리면서 현실을 벗어날 그날만을 꿈꾼다. 이제 온종일 암호화폐 애플리케이션 거래 창을 바라보는 일만 남는다. 우리는 부처님도, 예수님도 아니기에 가만히 앉아서 수익률의 오르내림을 관망하고만 있기는 어렵기 때문이다. 장기투자는 그림의 떡일 뿐이다. 매수와 매도가 반복될 수밖에 없다. 울다가 웃고, 웃다가 우는 일상이 시작된다. 그리되면 우리의 진짜 일상은 사라진다. 진짜 일상은 편안함과 평범함이 어우러진 〈작은 평화〉를 뜻한다.

거창할 건 없다. 가족들과 아침 식사하고, 일터(학교)에 나가 일 (공부)하다가 퇴근(하교) 후 집으로 돌아오거나, 친구를 만나 가볍게 맥주(식사) 한잔(한 끼)하면서 대화로 스트레스를 푸는 것이 전부다. 코인 수익률 또는 손해율이 끼어들 여지는 없다. 해 질 무렵 되돌아올 보금자리가 꼭 자가주택일 필요도 없다. 사랑하는 가족, 친구와 따뜻한 밥 한 공기, 된장찌개를 나누며 고단한 하루를 정리할 수만 있다면, 내가 사는 집이 전세든 월세살이든 뭐 그리 대수겠는가.

한편으로는, 소박한 하루가 인생의 정답인 것도 아니다. 저마다의 생각과 가치관이 다르기 때문이다. 그러나 누구도 본인의 철학대로만 일상을 살아가기는 어렵다. 보고, 듣고, 느끼는 것이 타인의 삶이기에, 남과 비교하지 않고 My way만 고수하기란 여간 어려운 일이 아니다. 자본주의 전성기, 나만 뒤처지거나 소외될 것 같은 두려움, FOMO(Fear Of Missing Out) 증후군이야말로 〈작은 평화〉를 추구하던 우리를 코인과 주식의 세계로 이끄는 원인이 아닌가 한다. 본래 FOMO를 활용하는 건 오래된 마케팅 기법이다. 매진이 임박했다거나, 한정 수량이라는 표현으로 안분자족(安分自足) 하려는 소시민마저 흔든다. 흐름을 놓치는 건 시대에 뒤처지는 일이라며, 현명한 소비자로서 권리를 찾으라고 유혹하는데, 마냥 외면하기란 쉽지 않다. 매진 임박, 한정 수량은 마침 비트코인에 최적화된 맞춤형 단어 같기도 하다. 네이버 경제 뉴스에, 유튜브 알고리즘에 자칭 코인 전문가, 펀드 매니저가 연일 등장해 평생 오지 않을 마지막 기회라며, 지금이라도 비트코인, 다른 알트코인에 투자하라고 재촉한다. 거인의 어깨에 올라타서 과실이라도 따 가라는데, 형편 되는 대로, 아니면 마이너스 통장을 개설해서라도, 시대의 흐름에 편승해야 할지 고민하지 않을 수 없다.

그러나 상승장에서도 피해자들은 속출한다. 24시간 개장하는 암호화폐 거래소 안 비트코인 가격은 언제나 출렁인다. 가격등락 폭이 상식을 뛰어넘는다. 김치 프리미엄은 덤이다. 타고난 강심장이라도 마음의 평정심을 유지하기는 어렵다. 얼마 전, 1비트코인의 가격은 9천만 원에서 8천만 원으로 추락했다가, 다시 9천만 원을 회복했다. 단 하루 사이에 말이다. 하필이면, 그날의 롤러코스터는 나도 직접 경험했다. 문제는 경착륙(Hard landing)하는 비행기에 탑승했다는 점이다. 떨어지는 공포감은 직접 경험해 보지 않으면 잘 모른다. 인생이 부정당하는 느낌이다. 추락하는 것은 날개가 없음을 실감한다. 불과 십 분 만에 한 달 치 월급이 사라졌다. 더 이상 손해 봤다가는 초가삼간마저 다 태우겠다는 두려움에 눈물의 손절을 감행했다. 그리고 몇 시간 뒤 내 손실금은 누군가의 이익으로 환원됐다. 가격이 원상회복되었기 때문이다. 귀신이 곡할 노릇이요, 전쟁 같은 하루가 아닐 수 없다.

고백하자면, 나는 비트코인의 내재가치는커녕 1년 후 가격에 대해서도 확신이 없다. 코인은 믿음의 영역이라던데, 그저 내가 사면 오르고, 팔면 내렸으면 하는 야바위꾼 같은 생각을 할 뿐이다. 혹자는 가격이 계속 오르는 한, 패자는 없고, 모두 승자가 될 수도 있는 것 아니냐며 딴지를 걸겠지만, 그럴 일은 없다. 시간이 한참 흐른 뒤에 뒤돌아보면, 상승기와 하락기가 확인되겠지만, 당장 오늘은 파도 같은 출렁임이 반복될 뿐이다. 뛰는 놈 위에 나는 놈이라고, 웃는 자 옆에 우는 자는 계속 양산된다. 자칫하다간 단순히 우는 데 그치지 않고, 더 끔찍한 일이 벌어질 수도 있다. 그게 나일 수도 있다. 코인 거래 후 업비트 앱을 삭제하지 않는 이상, 비트코인의 노예가 될 가능성이 크다. 웃는 자든, 우는 자든 마찬가지다. 누구든 어처구니없는 판단을 하고도, 제때 잘못을 알아차리지 못하곤 한다. 남의 눈에 티끌은 보면서 제 눈의 대들보는 보지 못하는 게 사람이다. 집단의 영향을 받는 한 개인의 선택이 비합리적인 것도 당연하다. 성실하게 살다가도 요행을 바라고, 하늘에서 뚝 하고 떨어지는 돈벼락을 맞고 싶어 한다. 신기루, 허상, 어둠의 화폐라는 비아냥만 넘치는 게 아니라, 다른 한쪽에서는 화폐 혁명, 평등의 표상, 디지털 금 소리도 듣기에, 비트코인 투자가 그나마 덜 부리는 욕심, 실속 있는 행동일 수도 있다. 선택, 결과, 책임은 온전히 본인의 몫이다.

시행착오의 반복이 성공을 부른다. 그러나 예외 없는 규칙은 없다. 제대로 공부하지도 않고, 묻지마 투자한 뒤 기약 없는 행운을 계속 기다리는 건 어리석은 일이다. 어쩌면, 행운이 아닌 불운을 좇는 일이다. 주변에서 주식과 코인 투자로 8억 정도를 벌었는데, 10억 꽉 채운 뒤 은퇴하려다가 수익률이 오히려 마이너스 나서 손실을 본 경우도 보았다. 그는 지금도 하루하루가 고통스럽고, 주변 사람들과 관계도 안 좋다. 차라리 한 방에 인생 역전은 나와는 상관없는 일로 생각하며 사는 게 뱃속 편하다. 재화(財貨) 때문에 화(禍)만 입지 않아도 인생 반은 성공이다. 근로소득, 사업소득, 투자수익 가릴 것 없이 노력과 실력이 뒷받침되어야 더 값지다. 합당한 보상이라는 만족감이 생겨야 삶의 활력도 오래간다.

일확천금은 불행으로 가는 지름길이다. 백만 원 이익이면 주변의 축하를 받지만, 억대 수익이라면 시기와 질투만 받는다. 투자자의 욕심도 한없이 커진다. 결국, 거친 생각과 불안한 눈빛만 남게된다. 평화로운 일상, 편안한 마음이 최고다. 투자의 첫 번째 원칙은 잃지 않는 것, 두 번째 원칙은 앞의 첫 번째 원칙을 잊지 않는 것이라 했다. 금과옥조(金科玉條)로 삼을 명언이다. 이제 주말만큼은 비트코인 창을 들여다보지 않기로 한다. 주중에 다소 〈방황〉하더라도, 금요일 저녁 집으로 들어가는 길마저 불태워서는 안 된다.

1994년, 이승철은 〈작은 평화〉를 발표했다. 작곡가는 이승철, 작사가는 채정은이다. 채정은은 1990년 김종서의 〈대답 없는 너〉로 데뷔했다. 임재범의 〈고해〉, 〈너를 위해〉, 〈비상〉을 작사한 실력자다. 그녀는 〈너를 위해〉 속 유명한 노랫말 "전쟁 같은 사랑"을 쓴 장본인이다. 이승철 4집 《색깔 속의 비밀》은 미국에서 제작한 앨범이다. 엄청난 투자금을 쏟아붓고도, 동명의 재즈곡 〈색깔 속의 비밀〉, 타이틀인 아카펠라곡 〈겨울 그림〉, 록발라드 수록곡 〈웃는 듯 울어 버린 나〉, 그리고 마이너 발라드 〈작은 평화〉까지, 단 한 곡도 히트하지 못했다. 가수 겸 제작자였던 이승철의 금전적 손실이 만만치 않았음은 불 보듯 뻔하다.

20대 후반 최고의 기량을 뿜어내던 보컬리스트 이승철도, 히트곡 메이커인 채정은도 실패를 피할 수는 없다. 때로는 꿈, 노력, 실력도 배신당한다. 성공과 실패를 쉽게 가늠할 수 없으니, 누구에게나 〈알 수 없는 인생〉이다. 팝의 본고장인 미국에까지 넘어가서, 오랜 시간 심혈을 기울여 제작한 역작을 들고 호기롭게 한국으로 돌아왔지만, 그는 웃지 못했다. 비트코인이 그러하듯이, 길게 보면 우상향하는 그래프라도, 가까이서 보면 오르락내리락 출렁인다.

영원한 실패는 없다. 〈작은 평화〉 역시 그러하다. 비록 많은 사람이 즐기는 히트곡은 아닐지언정, 분명 누군가의 인생곡일 수 있다. 특히나, 이 노래는 나의 18번이다. 소싯적에 누군가에게 어필하고 싶을 때면, 분위기 잡고 이 노래를 불렀다. 오직 나만 아는 보석 같은 노래가 있다는 데서 오는 묘한 쾌감도 있다. 이 음악의 묘미는 일상의 소중함을 일깨워주는 노랫말이다. 새벽, 아침 햇살, 차한잔, 창가, 저녁, 노래, 별, 그대 그리고 나. 이 모든 것들이 영원한 〈작은 평화〉라는 속삭임이 이어진다. 처음부터 끝까지 별다른 치장은 없다. 오롯이 피아노 한 대에 가수의 목소리가 더해질 뿐이다. 소품 같은 일상과 사랑의 세레나데다. 담백함은 긴 여운을 남긴다. 30년이 지난 지금까지도 누군가 이 곡을 최고로 뽑는다면, 〈작은 평화〉는 더 이상 실패가 아니다. 〈뒤돌아보면〉 어느덧 가격이 올라 있는 저평가 우량주, 〈작은 평화〉는 그런 음악이다.

이 노래를 알아본 건 비단 나뿐만이 아니다. 라디오 프로그램에 출연한 이승철이 듣고 싶은 곡이 있느냐고 물었을 때, 진행자였던 박준형, 박경림, 그리고 익명의 어느 청취자도 이 노래를 라이브로 신청했다. 그의 아내도 이 곡을 가장 좋아한다고 밝혔다. 청혼하기 위해 그가 아내 앞에서 〈작은 평화〉를 불렀을지도 모를 일이다. 다소 늦은 만남이기에, "전쟁 같은 사랑"을 외치기보다는, "따스한 차 한잔"을 속삭이는 편이 성공 확률이 더 높을 것이다. 30년 팬, 라디오 DJ, 거기에 반려자까지 픽(Pick)한 곡이라면, 이제 〈작은 평화〉는 성공이다. 경기 초반 승부가 갈린 것처럼 보여도, 최종 결과는 끝까지 가 봐야 알 수 있다. 설령 지금 빛을 못 본대도, 언젠가 숨은 진가가 드러날 수도 있다. 지금은 역주행의 시대다.

웃다가 울고, 울다가도 웃는 게 우리네 삶이다. 가까이서 보면 비극, 멀리서 보면 희극, 그게 인생이다. 출렁임에 일희일비(一喜一悲) 말고, 긴 호흡으로 살아야 한다.

시대 유감

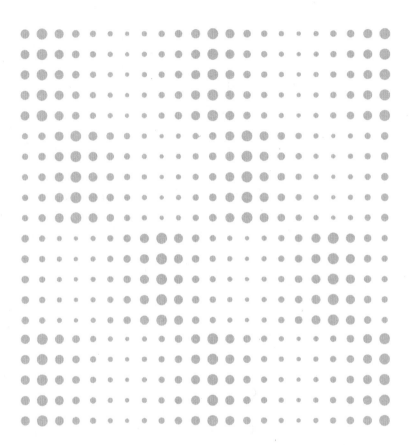

누구나 어른이 돼서 (1994)
청년 시절의 이승철이 해외 유명 음악인들과 미국에서 협업하여 제작한 4집 앨범 《색깔 속의 비밀
(Secret of Color)》 수록곡 중 하나다. 이승철 본인이 직접 작곡에 작사까지 한 몇 안 되는 곡 중
하나다. 그만큼 이승철의 취향이 많이 반영된 곡이다.

1994년, 이승철은 〈누구나 어른이 돼서〉를 발표했다. 이 노래는 청년 시절의 이승철이. 미국으로 건너가 유명 해외 음악인들과 협업하여 제작한 4집 앨범 《색깔 속의 비밀(Secret of Color)》 수록곡이며, 본인이 직접 작사·작곡한 몇 안 되는 노래 중 하나다. 그의 취향이 많이 반영된 곡이라고 볼 수 있다. "누구나 어른이 돼서 철없던 어린 시절을 돌이켜 생각할 때면, 어쩐지 쑥스럽겠지"라는 노랫말이 인상적이다. 철없던 시절에 대한 일종의 자기 고백 아닐까.

청년 이승철은 크고 작은 실수를 적잖이 했다. 최고의 인기 가수, 10대들의 우상 소리까지 듣다 보니, 그를 향한 비난은 더욱 거셌다. 잘못에 대한 대가를 치르고, 자숙하면서 언제 다시 찾아올지 모르는 기회를 기다리는 것이 그가 할 수 있는 전부였다. 그는 회피하지 않고 힘든 시간을 버텨냈고, 지금에 이르렀다. 참회와 성찰, 반성은 말이 아닌 행동과 시간의 축적으로 증명할 수밖에 없다. 남을 욕하는 건 쉽다. 그러나 실수와 잘못은 결코 다른 사람만의 이야기가 아니다. 누구나 실수하면서 산다. 나도 나이가 들수록 조금씩 더 나은 사람이 되리라고 생각했다. 그러나 〈착각〉이었다. 돌이켜 보면, 남에게 손가락질받을 잘못도 많이 했다. 여전히 남을 배려하는 마음씨 넉넉한 어른이 된 것 같지도 않다. "자신의 얘기밖에는 남 얘긴 들을 줄 몰라"라는 가사에 유독 눈길이 간다. 비단, 나만 그런 건 아닌 건가 싶어 그나마 다행이다.

관용(寬容: 너그럽게 용서하고 받아들임)이 사라져 가는 세태의 변화를 오롯이 개인의 책임으로 돌리기는 어렵다. 삶이 팍팍해지고 마음의 여유가 사라진 데는 외부적 요인의 영향이 크다. 개인의 소득이 물가 상승률을 따라잡지 못한 지 오래고, 소수가 차지하는 부의 점유율은 나날이 커지고 있다. 서민의 삶과 직결된 국가의 주요 정책들은 정권에 따라 4~5년에 한 번씩 180도 뒤집힌다. 상식과 몰상식이 그때그때 달라지고, 여야 간 갈등은 나날이 깊어지고 있으니, 정부라는 시스템에 대한 근본적인 회의감마저 든다. 국민 평균연령도 40대 중반을 넘어서고 있어 희망 없는 미래에 대한 불안감은 더욱 커져만 간다. 기댈 곳 없는 각자도생의 시대다.

한 유명인의 음주운전 뺑소니 사건 후폭풍이 거셌다. 사람은 누구나 잘못하기에, 남의 눈에 티끌은 보아도 제 눈의 대들보는 보지 못하기에, 누구도 특정인을 과도하게 비난할 자격은 없다. 그러나 계속된 거짓말과 조직적 사건 은폐 시도는 결국 드러나게 마련이다. 노자(老子)가 말하길 하늘의 그물은 넓디넓게 펼쳐져 성긴 듯 보이지만, 그 무엇도 놓치지 않는다고 했다. 호미로 막을 일을 가래로도 막지 못할 지경에 이른 점이 안타까울 따름이다. 그런데 가만히 들여다보면 이번 일이 큰 화제가 된 것이 단순히 거짓말 때문만은 아닌 듯하다.

유명인의 일거수일투족이 실시간으로 중계되는 투명한 시대, 빅데이터와 인공 지능의 시대지만, 여전히 남보다 많은 돈으로 남보다 좋은 뒷배경으로, 남과는 다른 결과를 얻을 수 있다는 믿음이 유효한 까닭이 크다. 이번 사태를 접하는 사람들의 반응에 분노와 허탈감, 무기력감이 뒤섞여 있는 건 시사하는 바가 크다. 음주운전을 대수롭지 않게 생각하던 시대에서, 예비적 살인 행위로까지 간주하는 시대로 변했다. 실제 법 집행이 엄격한지와는 별개로, 최소한 국민 법 감정만큼은 그러하다. 이른바, 원 스트라이크 아웃 제도가 일반화되어 이제 음주운전을 한 직장인은 지위 고하를 불문하고 중징계를 피할 수 없다. 공공기관에 근무하는 사람이라면, 자칫하면 파면 각이다. 비단 음주운전뿐 아니다. 갑질, 성희롱, 모욕, 명예훼손의 범위와 처벌 수위도 점점 강화되고 있다. 왕년에는, 옛날에는 같은 무용담은 신고 대상일 뿐이다.

감시·처벌 사회가 도래했음에도, 우리나라는 여전히 사기·범죄 공화국이라는 오명을 벗어나지 못하고 있다. 이유는 단 하나, 웬만한 죄는 돈과 인맥으로 해결 가능하다는 믿음이 사회 밑바탕에 똬리를 틀고 있기 때문이다. 중죄를 저지른 후에도 공권력(국가, 법률)에 대한 두려움을 갖지 않는 이들이 넘친다. 오죽하면, '1도 2부 3백'(우선은 도망치고, 잡히면 부인하고, 최후에는 백(빽)을 쓰면 된다)이라는 괴상한 신조어까지 생겼으랴. 로스쿨을 졸업한 신규 변호사도 매년 수천 명이 배출돼 불에 기름을 붓는다. 사건 수임 경쟁이 치열해지니 큰 잘못도 별일 아닌 게 되고, 교묘하게 법망을 빠져나가는 방법들이 널리 공유될 지경에 이르렀다.

남과 교류하며 살 수밖에 없는 세상이기에, 나와 너의 의견 차이, 이해관계의 득실로 인한 분쟁은 불가피하다. 따라서, 변호인의 도움을 받고, 제삼자(법원)로부터 기여도 차이, 책임의 정도를 확인받는 일은 필요하다. 재산상 피해, 금전적 이득을 정확하게 산출해서 보상받을 수 있다면, 이익금 일부를 떼어 소송대리인에게 추가로 지급한대도, 뭐랄 사람은 없다. 내가 남보다 잘하거나 자신 있는 일을 하는 것, 반대로 내가 서툰 일에는 다른 전문가의 조력을 받고 합리적인 대가를 지급하는 것, 이것이야말로 사회생활의 요체다. 지극히 상식적인 이야기 같은데, 선대의 학자(신고전 경제학파)들은 이를 집대성하여 거래비용 이론이라는 거창한 이름으로 노벨상까지 받았다.

그러나 다른 사람에게 신체적 위해(폭력)를 가하거나, 상대를 속여 금전적 손해를 입히거나, 공공의 안녕을 해치는 경우, 즉 형사(刑事) 사건은 피해자를 대리해 국가(검찰 경찰)가 소송의 당사자가 된다는 측면에서 민사소송과는 달리 접근해야 한다. 가해자 처벌을 위해 국가 시스템이 작동한다는 점에서, 만인은 법 앞에 평등하다는 논리는 정당성을 부여받는다. 간단하다. 죄를 지으면 유죄, 죄가 없으면 무죄, 그게 전부다. 판검사 출신의 전관(前官)이 변호했다는 이유로 유죄가 무죄 되고, 행여 죄 없는 누군가 억울한 옥살이를 한다면, 이런 사례가 하나둘 쌓여 간다면, 머지않아 사법제도에 대한 신뢰는 무너질 것이다. 선진국은커녕, 졸지에 헬조선으로 퇴보할지도 모른다.

2015년에 나온 대법원 판례에 따르면, 형사 사건과 관련된 성공보수는 위법이다. 당연하다. 힘센 변호사의 노력으로 유무죄가 바뀐다면, 그리하여 상식과 관습, 사회통념에 어긋난 판결이 늘어난다면, 세상은 무법천지가 될 것이다. 그러나 불행하게도, 우리는 안다. 유력한 전관을 향한 줄 서기, 그에 따른 성공보수는 여전히 음으로 양으로 횡행한다는 것을 말이다. 하기야 인신구속이 되느냐 마느냐의 갈림길에 선 사람이라면, 천문학적인 수임료 그리고 보너스(성공보수) 요청에 응하지 않을 이유가 없다.

미국인이 쓴 《정의란 무엇인가》가 대한민국의 베스트셀러가 된 것, 기회의 평등, 과정의 공정, 결과의 정의 같은 캐치프레이즈가 장안의 화제가 된 것은 실제 세상살이가 이와 다르기 때문이리라. 사기나 범죄로 10억 원을 번 후 그중 9억 원을 써서 벌을 면하면, 돈을 아낄 사람은 없다. 행여 힘이 덜 센 변호인을 고용해 5억을 주고도 5년 형을 받는다 한들, 사실 손해가 아니다. 5년의 대가를 치르고 나도 5억이 남는다. 시간의 기회비용을 연봉으로 환산하면 1억이다. 가해자로서는 이 정도면 해볼 만한 거래가 되는 셈이다. 동종 범죄가 처음이고, 반성의 기미가 있으며, 상대방 측과 원만한 (금전적) 합의까지 했다면, 형의 집행을 유예받을 수도 있다.

시대유감(時代遺憾)이다. 바늘 도둑은 잡아가고, 소도둑은 건드리지 못하는 시대만큼은 거부한다. 죄형법정주의라고 배웠다. 죄와 벌은 모두 법률에 열거되어 있으니, 누구든 잘못한 만큼 벌 받으면 된다. 물론, 억울한 피해자가 안 생기는 것이 기본이다. 공권력을 명분 삼은 먼지떨이·망신주기식 수사는 검찰개혁의 국민적 요구를 부추길 뿐이다. 사법부가 최후의 보루라는 말이 괜한 이야기는 아니다. 부디, 시스템이 붕괴하기 전에 공정과 상식이 우리 사회를 지탱하는 단단한 뿌리로 자리매김하기를 소망한다.

생존을 위한 변화와 혁신

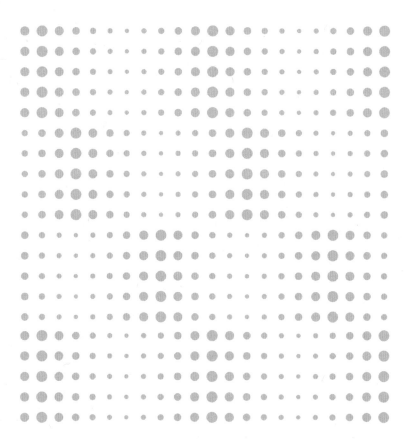

오늘도 난 (1996)

이승철이 1996년 발표한 5집《The Bridge of Sonic Heaven》에 수록된 곡이다. 당시 신인 작곡
가던 윤일상이 작곡과 작사를 맡았고, 이승철이 프로듀싱했다. 발매 당시 대중적 인기를 끌지 못
한 4집과 달리 5집은 대중으로부터 호평을 받고 흥행에 성공했다.

1996년 대학에 입학했다. 생애 첫 번째 독립이 시작된 것이다. 아니, 이때부터 쭉 부모님과는 떨어져 살고 있으니, 지금 돌이켜 보면 부모의 울타리 안에 살았던 시간이 채 스무 해도 안 되었던 셈이다. 지금이야 누군가의 아들보다는, 아버지, 남편, 그리고 회사 직함이 더 익숙하지만 당시만 해도 부모님 없는 나 홀로 서울 생활은 곤욕이었다. 오롯이 나의 의지로 무언가를 해본 적이 없었기 때문이다. 생존의 위협을 받은 적이 없었기에 무슨 일이든 그저 다 〈그냥 그렇게〉 이루어지는 것으로 생각했다. 친구들보다 조금 더 좋은 성적을 거두었다는 이유만으로, 학교에서 학비를 내주었고, 이름 모를 동문 선배가 대학 등록금까지 기꺼이 쾌척해 주었기 때문이다. 스스로 먼저 움직이지 않아도, 세상이 나를 중심으로 알아서 움직인다고 착각했다.

그러나 생존이 지상 과제임을 깨닫기까지는 채 석 달도 걸리지 않았다. 해결된 거라곤 한 학기 등록금, 그리고 반년 치의 기숙사비가 다였음을 알아버리고야 만 것이다. 현실을 직시하고야 변화와 혁신이 필수 과제임을 알게 됐다. 그렇다고, 사립대의 학비 부담감을 낮추겠다며 국립대 진학을 목표로 재수 종합반에 등록하는 것 역시 과욕이었다. 기회비용이 만만치 않고, 무엇보다 나의 실력을 누구보다 내가 잘 알고 있기 때문이다. 어려서부터 자기 주도 학습은 해본 적 없었고, 읽은 책도 많지 않았으며, 답안지를 보아도 도무지 이해되지 않는 수학의 정석 속 문제가 너무 많았다. 꿈을 꾸기에 앞서 생생한 현실주의자가 되는 것이 우선이었다. 대학 입학과 동시에 행정고시니, CPA니, 한국은행이니 하면서 공부에 몰입하는 동기들을 보고 있자니, 성적 장학금은 언감생심이었다. 부모님이 간간이 보내주시던 용돈마저 끊기니, 당장 점심 한 끼 해결할 밥값도 부족했다. 명문대생의 알량한 프라이드는 속절없이 무너졌다.

생존을 위한 변화와 혁신은 더 이상 선택사항이 아니었다. 머뭇거림 없이 인근 중고등학교에 과외 유인물을 뿌리고, 보습학원 강사 자리를 알아보러 다녔다. 학과 사무실에 매일같이 출근해서 행정 보조와 도서관 아르바이트를 수소문했다. 성적 장학금 말고도 대기업 장학재단에서 출연한 장학금이 있다는 소식을 듣고, 기업체별 맞춤형 소개서를 수시로 업데이트해 제출했다. 제대 후에는 틈나는 대로 각종 공모전에 응모했다.

그렇게 대학 4년을 보내는 동안 과외, 학원 강사, 배달 등 아르바이트를 계속했다. 고등학교 동창 녀석들 만나면 삼겹살에 소주 한 잔 정도는 살 수 있을 정도의 주머니 사정은 유지됐다. 동부문화재단의 장학생으로 선발되어 3년간 등록금 면제에 매 학기 소정의 장학금까지 플러스알파로 받으면서 다녔다. 매일경제신문에서 주관하는 대학생 경제 논문 대회에서도 상을 받아 하마터면(!) 기자로 입사할 뻔한 기회도 얻었다. 저절로 이루어지는 일은 없음을 깨닫고, 부질없는 자존심 내려놓은 후 누군가의 연락을 기다리지 않고 먼저 움직이니, 결과들이 따라왔다. 학비와 책값 걱정 없이 대학을 졸업할 수 있었고, 다양한 경험들은 이력서에 차곡차곡 쌓여 여러 대기업, 금융기관 합격으로 이어졌다. 마음먹기, 행동하기에 따라 미래가 달라질 수 있다는 건, 참 신기한 일이다. 궁(窮)하면 통(通)한다는 말은 참이었다.

1996년, 이승철은 〈오늘도 난〉을 발표했다. 학교 기숙사 휴게실에서 이 노래를 처음 들었을 때의 충격은 지금도 선명하다. 솔직히 고백하자면, 적잖이 실망했다. 공중파 가요 순위 프로그램이었던 것으로 기억하는데, TV를 보다가 당황한 건 나뿐만이 아니었다. 컵라면을 먹다가 이승철의 춤사위(!)에 깜짝 놀라 사레들린 친구가 있을 정도였다.

댄스인지 뽕짝인지 알 수 없는 리듬, 그와는 어울리지 않는 듯한 춤, 부정확한 발음, 별 의미 없어 보이는 노랫말에 이르기까지, 그에게서 예상했던 모습은 단 하나도 찾기 어려웠다. 오랜만에 복귀하는 이승철의 변신이라는 소개말이 있었지만, 이런 파괴적 혁신(Destructive Innovation)까지는 전혀 상상하지 못했다. 〈오늘도 난〉을 발표하기 전, 그는 팝의 본고장인 미국, 그중에서도 뉴욕으로 건너가 4집 앨범《색깔 속의 비밀》을 제작했다. 팝스타 스팅의 프로듀서, 아카펠라 그룹 뉴욕 보이시스 등과 함께 작업하며 가스펠 아카펠라(겨울 그림), 재즈(색깔 속의 비밀) 등 미국 스타일의 앨범을 완성했다.

가수 생활을 하면서 번 돈을 다 투자했다고 인터뷰할 정도로 심혈을 기울인 작품이었다. 이 앨범은 30년이 지난 지금 들어도 전혀 어색하지 않을 만큼 음악적 완성도가 높다. 그의 보컬은 노래마다 변화무쌍하고, 유려했다. 그러나 이승철 4집은 상업적으로 성공하지 못했다. 비평가들로부터 음악적 완성도에 대해 칭찬받고, 나를 비롯한 그의 정통 팬들로부터 역작(力作)이라는 찬양을 받았을지언정, 정작 일반 대중은 그가 색깔 속에 담은 비밀을 궁금해하지 않았다.

본인이 원하는 음악을 만들고, 만족했으면 그것으로 소기의 목적을 달성한 것일 수는 있다. 그리고 이 앨범이 언젠가 재평가받을지도 모를 일이다. 정통 팬들의 지지와 평단의 찬사까지 받았으니, 실패라고 단정 짓는 것 역시 무리다. 그러나 그는 사람들의 관심과 사랑을 먹고 사는 대중 가수로 스스로를 규정했다. 자기만족, 혹은 소수 마니아를 위한 음악만 만들어서는 생명력이 지속될 수 없다고 판단한 것이다. 그제야 그는 깨달았다. 음악(音樂)은 음학(音學)이 아님을 말이다. 가수 데뷔 10년 만에, 천하의 이승철이 생존을 위한 변화와 혁신의 필요성을 몸소 깨달은 것이다. 대한민국 최고의 남성 보컬리스트라는 과도한 자신감, 록그룹 보컬리스트 출신이라는 자부심을 내려놓은 그의 선택이 바로 〈오늘도 난〉이었다.

국가나 기업 차원에서 변화와 혁신은 거창한 주제겠지만, 사실 개인 차원의 변혁(變革)은 그리 대단한 일이 아니다. 마음먹기에 달린 일이기 때문이다. 지난 과거의 경험에서 비롯된 편견과 고집을 내려놓는 게 8할 이상이다. 앞으로 어떻게 무엇을 해야 하는지는 누가 말해주지 않아도 충분히 안다. 해보지 않은 일, 익숙하지 않은 일에 도전하면 되기 때문이다. 성공과 실패는 둘째 문제다.

〈오늘도 난〉은 윤일상이 작곡했다. 지금이야 최고의 작곡가로 명성이 자자하지만 1996년 윤일상은 20대 초반의 신인에 불과했다. 신인 작곡가의 지도하에 난생처음 전통 가요 느낌이 나는 곡을 부르고, 흑인 댄서들과 합(율동)을 맞추고, 가사를 음미하기는커녕 일부러 발음을 뭉개어 끈적끈적 노래하자, 이번에는 대중이 환호했다. 한편에서는 배신자, 기회주의자 소리까지 들었고, 욕도 많이 먹었다. 스스로 밝힌 바처럼, 그는 〈오늘도 난〉으로 마니아를 잃고, 대중을 얻었다. 가요 순위 프로그램에서 생애 첫 1등 경쟁도 했다. 가창 역량을 과시하던 과거의 히트곡으로는 이루지 못했던 성과였으니, 〈아이러니〉다.

나 노래 잘하지? 가사 멋지지? 연주 예술이지? 같은 뽐내기를 멈추고, 노래방에서 흥겹게 따라 부를 수 있는 음악(音樂)을 만들자, 남녀노소 가리지 않고 그의 노래를 즐기게 된 것이다. 뮤즈(Muse) 이승철에서 대중 가수 이승철로의 완벽한 변신이었다. 맞고 틀리고는 없다. 누군가는 여전히 보편성보다는 특수성을 선택할 것이다. 선택은 오롯이 본인의 몫이다. 이승철은 시류(時流)에 부합해서라도 많은 사람의 입에 오르내리는 대중 가수가 되리라고 마음먹은 후, 기회 추구 행동을 지속했을 뿐이다.

이승철이 데뷔 40년을 목전에 두고도 현재 진행형 가수로 활동할 수 있게 된 시작점이 〈오늘도 난〉이라고 말해도 틀린 말은 아니다. 그가 작업실에 틀어박혀 작사, 작곡, 편곡, 악기연주까지 홀로 도맡아 처리하는, 고뇌하는 싱어송라이터의 길을 걷기보다는, 폭

넓은 세대와 소통하면서 가장 재능 있는 노래(가창)에 집중하는 방식을 선택한 것도 어쩌면 이런 관점에서 바라볼 수 있다. 그는 전천후 음학(音學)인이 되어 평론가들로부터 높이 평가받기보다는 장삼이사(張三李四)들에게 사랑받는 대중가요(大衆歌謠)를 부르고, 그의 곁을 떠난 노래가 세상에 널리 불리는 것이 더욱 가치 있다고 판단했다. 스스로 선택한 변화와 혁신을 통해 이승철은 위기(危機)를 기회(機會)로 바꾸었다.

일찍이 플라톤은 짜임새 있는 배열과 올바름을 탁월함이라고 기술하면서 타고난 재능을 우선시했다. 선천적 능력이 뛰어난 사람이 남보다 앞서 나가는 것은 당연하다는 플라톤의 논리는 일반 시민을 좌절케 했다. 고대 그리스 사회도 비교와 경쟁은 불가피했기 때문이다. 물론, 예나 지금이나 순수 사유에 의한 직관이 뛰어난 사람들은 분명 존재한다. 보컬리스트 이승철도 축복받은 운명자 중 한 명인 게 확실하다. 그러나 우리는 선천적인 능력을 타고났어도 이른 나이에 고꾸라지거나, 미처 재능을 꽃피우기 전에 저물어버린 이들을 숱하게 보아 왔다. 젊은 날의 이승철도 영욕(榮辱)의 교차기를 여러 차례 경험했다. 탁월함은 교만과 방심을 동반하기에, 그 한계 또한 분명하다.

반면, 플라톤의 제자인 메논은 타고난 재능보다는 올바른 마음가짐과 꾸준한 노력이 더 중요하다고 설파했다. 또한, 탁월함은 후천적으로도 수학(修學: 가르침) 가능하다고 생각했다. 타고난 달란트, 지나온 인생, 과거보다는 앞으로의 태도가 중요하다고 본 것이다. 그의 생각에 깊이 공감한다. 기대 이상의 결과는 탁월함에 대한 콤플렉스에서 벗어나야 찾아오는 것일지도 모른다. 자기 재능이 무언지 평생 제대로 알지도 못하고 살아가는 우리가 할 수 있는 일은 오직 꾸준한 노력뿐이다. 같은 실수를 반복하지 않기 위해 복기하고, 일이 생각대로 풀리지 않으면 변화를 꾀하는 수밖에 없다.

올바른 마음가짐을 안착시키는 데 선천적인 능력의 부족은 오히려 축복이다. 이승철도 신이 내려준 재능에 대한 과신을 내려놓은 후에야 비로소 〈신의 질투〉를 피해 갈 수 있었다. 스무 살 시절, 방구석에 누워 신세 한탄하며 허송세월 보내는 대신, 꾸준한 도전으로 자칫 무너질 뻔했던 인생에 나름의 혁신적 성과를 창출했던 기억이 나는 요즘이다. 〈오늘도 난〉 그 시절의 나를 소환해 조금 더 나아질 미래를 설계해 본다. 1%의 영감이 부족해 영원히 천재 소리는 못 들을지언정, 직장인의 삶을 지속하면서도, 계속해서 읽고 쓰다 보면 200페이지 분량의 책 한 권 정도는 완성할 수 있을 것이다. 누가 말해주지 않아도 충분히 안다. 1996년의 나와 그가 그랬던 것처럼 말이다.

모든 것은 연결되어 있다

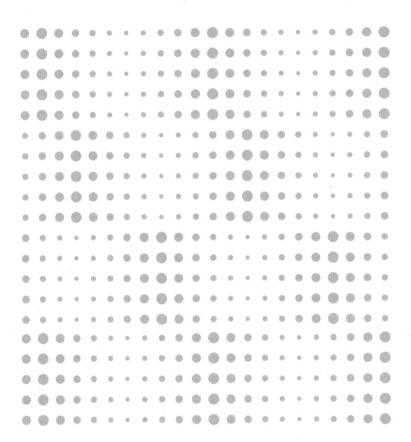

나의 고백 (1996)

이승철 5집 《The Bridge of Sonic Heaven》의 8번 트랙으로 수록된 곡. 제7회 《유재하 가요제》
에서 대상을 수상한 곡을 리메이크했다. 1년 후인 1997년 이 곡의 작사·작곡가 나원주가 정지찬
과 함께 결성한 자화상의 1집 타이틀곡으로 재취입했다.

20대 초반 입대를 위해 휴학계를 내고 고향에 내려갔을 때의 일이다. 때마침 고3 때 담임 선생님께서 과외 자리를 소개해 주셨다. 선생님이 재직 중이던 고등학교의 여고생들이었다. 나로서는 거절할 이유가 없었다. 사실은 가뭄에 단비 같은 소중한 기회였다. 일주일에 2회, 영어와 수학을 가르치는 거였는데, 수험 공부에서 손을 놓은 지 꽤 시간이 흘러 부담스럽기도 했지만, 나의 주머니 사정을 알고 특별히 추천해 준 자리였기에, 짧은 망설임을 뒤로한 채 다시 성문 종합영어와 수학의 정석을 펼쳐 들었다. 그렇게 경옥과의 〈인연〉이 시작됐다. 경옥은 예습과 복습에 철저하고, 궁금한 내용이나 이해가 안 되는 부분은 기꺼이 물어볼 줄도 아는, 성실하고 평범한 여고생이었다. 사범대에 진학해 교사가 되고 싶다고 말했던 것으로 어렴풋이 기억한다. 시간이 흘러 여느 과외 선생과 제자들처럼 우리도 자연스레 이별했고, 각자의 삶에 충실했다.

다시 소식을 접한 건, 2002년 월드컵의 열기가 온 나라를 휘감을 무렵이었다. 월드컵 4강 신화의 기쁨은 짧았다. 현실 세계로 돌아온 나는 대학 졸업과 취업 준비로 여념이 없었다. 평균 학점을 올리기 위한 재수강, 계절학기 수업, 토익 공부, 논술과 상식 시험을 위한 공부 모임까지. 길은 오직 하나뿐인 듯했다. 그때도, 이른바 간판 좋은 대기업이나 공공기관에 취업하는 것만이 세상의 승자로 인정받던 시기였다. 취업만이 정답이고, 창업이나 도전은 오답이었던 시절, 경옥의 《유재하 가요제》 참가 소식은 커다란 충격이 아닐 수 없었다.

유재하는 한국형 발라드의 시초라고 불린다. 정통 클래식 음악을 전공한 그가 대중가요계에 입문한 것 자체가 당시로서는 상식을 깬 행보였다. 어쩌면 그는, 레드오션에서 블루오션을 발견한, 수십 년 앞을 내다보고 발상의 전환을 한 선구자인지도 모른다. 여하튼 대한민국 대중음악계에 유재하는 넝쿨째 굴러온 복이었다. 서정적인 가사와 멜로디, 메이저 장조가 아닌 마이너 단조로 곡을 끌어가는 집중력. 유재하의 한양대 작곡과 직속 후배이자 당대의 작곡가인 김형석은, 유재하가 가요에 도입한 브리지(Bridge) 형식으로 우리나라 대중음악계가 한 단계 업그레이드되었다고 평가할 정도였다.

2002년, 명실상부한 대한민국 싱어송라이터의 산실 《유재하 가요제》에 도전한 경옥은 무려 대상을 받았다. 참가곡은 자작곡인 〈혼자 걷는 길〉이었다. 이별 후의 쓸쓸한 감정을 독백하듯 노래하는, 피아노 소품곡이다. 음악을 듣고 있노라면, 그녀가 유재하표 발라드의 계보를 잇고 있음이 자연스레 전달된다. 우리도 모르는 사이, 감성과 문화는 전이된다. 유희열, 조규찬, 방시혁, 루시드 폴, 정지찬, 박원, 스윗소로우, 나원주 등 이루 헤아릴 수 없을 만큼의 유명 대중음악인들이 이곳 《유재하 가요제》 출신이다. 이렇게 쟁쟁한 실력자들 사이에서 1등이라니, 도무지 믿기지 않았다. 지난 수년간 경옥에게 도대체 무슨 일이 있었던 것일까. 당시엔 경황이 없었기에, 오롯이 축하의 말만 건넸다. 하지만 내심으로는 20대 초반 너무 이른 나이에 재능을 꽃피운 건 아닌지 걱정도 됐다. 타고난 재능과 노력, 그리고 운(運)이라는 3박자가 모두 맞아야 1등이라는 결과가 나올 수 있기에, 또한 너무 이른 성공은 복(福)이 아닌 독(毒)임을 잘 알기에 말이다.

1996년, 이승철은 〈나의 고백〉을 발표했다. 파괴적 혁신의 곡 〈오늘도 난〉이 수록된 5집 곡 중 하나였다. 30년에 가까운 시간이 흐른 지금까지도, 아니 삶이 다하는 그날까지도, 내 젊은 날의 초상에는 〈나의 고백〉이 배경음악일 것이다. 노래가 너무 유명해서는 나의 주제곡이 될 수 없다. 수많은 이승철의 음악이 히트하지 않아 속상하지만 이 곡만큼은 예외다. 정말 소중한 것은 나 홀로 간직하고픈 욕심이 들기 때문이다.

사실, 〈나의 고백〉은 리메이크곡이다. 한 해 전인 1995년, 그룹 자화상의 리더이자 싱어송라이터인 나원주가 《유재하 가요제》에 참가해서 발표한 자작곡이다. 당연히(!) 대상은 그의 몫이었다. "소리 없이 내리는 빗물은 너를 향한 나의 눈물이고, 너의 미소는 영원히 내게 남아 있기에 다시 볼 수 없어도 다행"이라는 처절한 고백의 노랫말과 슬픔이 묻은 멜로디, 그리고 유려한 피아노 연주가 일품인 곡이다. 음유시인 김동률은 지금도 다른 사람의 콘서트에서, 자신의 콘서트에서, 방송에서 이 곡을 부른다. 이 노래의 대중적 생명력과 확장성은 상당 부분 그의 몫이다. 또한, 자타공인 최고의 음악인으로 불리는 김동률이 이 곡을 픽(Pick)했다는 것으로도 〈나의 고백〉의 진가는 확인된 셈이다.

이승철은 5집 앨범의 타이틀로 〈오늘도 난〉과 〈나 이제는〉 같은 빠른 비트의 댄스곡을 선택함으로써, 대중가수로서 승부수를 던졌다. 결과는 대성공이었다. 그러나 한편으로는 〈나의 고백〉 같은 트랙으로 음악적 지향성과 균형감각 역시 잃지 않았다. 이승철은 녹음실에서 〈나의 고백〉을 노래하며, 나원주 그리고 유재하와 교감(交感)했을 것이다. 꼭 얼굴을 맞대고 이야기를 나누어야 교류·공감하는 것은 아니다. 노랫말과 멜로디는 시간과 공간을 초월해 서로를 연결한다.

텔레파시도 완전 거짓말은 아니다. 가끔 〈그 사람〉의 안부가 궁금할 때, 그로부터 전화가 걸려 오거나, 카카오톡 메시지가 뜨는 경험, 한 번쯤은 있을 것이다. 나 역시 그러하다. 1990년대 후반, 과 동기인 정민이가 연결해준 소개팅녀와 길을 걷고 있을 때였다. 어색함을 달래려 혼자 노래를 흥얼거리고 있는데, 옆으로 다가온 그녀가 갑자기 듣고 싶은 노래가 있다며, 혹시 자기가 가장 좋아하는 〈나의 고백〉을 불러줄 수 있느냐고 묻는 것이 아닌가! 내가 부르던 노래는 물론 〈나의 고백〉이었다. 그날 이후 나는 같은 노래를 좋아하는 사람들 사이에는 분명 텔레파시가 흐른다고 믿게 되었다.

여고생 경옥이가 어른이 되어 가요제 수상을 하고도 어느덧 20년 이상의 세월이 흘렀다. 그 옛날 나의 걱정은 쓸데없는 기우(杞憂)에 불과했다. 그녀는 이른 성공에 자만하지도, 그렇다고 힘든 음악을 포기하지도 않았다. 느린 걸음으로, 그러나 지금껏 꾸준하게 아름다운 노래들을 발표하고 있다. 그녀라고 말하지 못할 삶의 우여곡절이 없었겠냐마는, 그래도 그 말도 많고 탈도 많다는 대중가요계에서 뒷말 하나 없이 자기만의 독특한 영역을 구축했다는 점에서 성공이다. 재즈 피아니스트 겸 작곡가 겸 대학 강사 겸 싱어송라이터 겸 엄마의 역할까지 잘 해내고 있으니, 이쯤 되면 게으른 나만 부끄러워진다. 무엇보다 그녀는 입버릇처럼 말하던, 이문세(멀리 걸어가)와 성시경(Thank you)에게 본인의 곡을 주겠다는 오랜 꿈까지 이루었다. 그녀의 작곡 리스트에는 거장 최백호와 이은미도 있다. 이제는 경옥아! 라고 함부로 부를 수도 없는, 이 뮤즈(muse)의 활동명은 유해인이다.

얼마 전 대학교 기숙사 룸메이트였던 명수 형에게서 연락이 왔다. 대학 시절 친한 친구들과의 모임에 나를 초대하겠다는 거였다. 억지 인연은 더 이상 맺고 싶지 않아 처음엔 거절했는데, 끌림의 힘인지, 아니면 텔레파시 덕분인지, 나는 천당 아래 있다는 분당까지 한걸음에 달려갔다. 넉살 좋은 명수형의 주선으로 1년 터울 선배들과의 대화가 한창 이어질 무렵, 맙소사! 그중 한 분이 경옥의 남편이 아니던가. 5천만 명이 사는 대한민국이 이렇게 좁다니. 아니 그보다는, 사람과의 〈인연〉이라는 게 참 묘하고, 예측하기 어렵다는 생각이 들었다. 명수 형이 종종 언급하던 진국 같은 친구, 경옥이 자랑하던 남편을 이렇게 마주할 줄 어찌 알았겠는가. 그뿐만이 아니다. 사업을 하고 있다는 그가 운영 중인 회사도, 듣고 보니 우리 회사의 오랜 고객이었다.

네트워크 이론에 따르면, 4단계만 거치면 이 세상 모든 사람과 연결된다. 단절되어 산다고 자부하는 외톨이도 예외는 아니다. 나

또는 내 주변 누군가는 강력한 네트워크를 보유한 노드(nod)와 연결되어 있기 때문이다. 더구나, 지금은 페이스북도 있고, 인스타그램도 있다. 직접 만나지 않아도 교감이 가능한 시대다. 자국 우선주의, 블록화된 세상이 다시금 도래했다고들 하지만 연결 고리로 치자면, 여전히 우리는 지구촌·지구마을에 산다.

〈나의 고백〉이라는 노래 하나가 故 유재하부터 이승철, 나원주, 김동률, 유해인, 이문세, 성시경, 그리고 나와 그 옛날 〈이름 모를 소녀〉까지, 시공을 초월해 많은 사람을 하나의 줄로 이어준다. 씨줄 날줄처럼, 사람도 음악도, 결국 모든 것은 연결되어 있다. 죄짓고는 두 발 뻗고 못 잔다는 말이 있다. 굳이 좋지 않은 예시를 들먹일 것도, 남 얘기를 할 필요도 없다. 앞으로의 삶, 남에게 피해를 주지 않고 살아야 한다. 기회가 되는 한, 남에게 도움도 주며 살 일이다. 유니세프, 굿네이버스에 매월 몇만 원씩 기부하는 일도 좋지만, 우선은 내가 사랑하는 가족, 부모, 형제, 오랜 벗에게 잘할 일이다. 잎새에 이는 바람에도 괴로워하던 시인 윤동주의 수오지심(羞惡之心)이 떠오르는 부끄러운 밤, 〈나의 고백〉이 이어진다. 오늘 밤에도 별이 바람에 스치운다.

돈에는 냄새가 없다

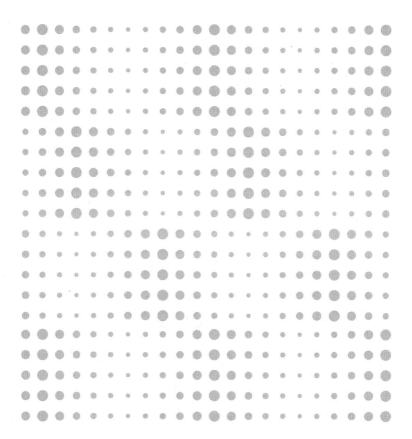

오직 너뿐인 나를 (1999)

이승철 6집 《1999 & Live Best》 CD1에 수록된 곡이자 타이틀곡. 3번 트랙에 원곡이, 10번 트랙에 댄스 리믹스 버전이 수록되었다.

우리나라의 경제활동 인구 3천만 명 중 월급쟁이는 2천만 명 정도니, 약 70% 정도는 남이 주는 급여를 받으며 사는 셈이다. 회사원이든, 전문가든 혹은 사업가든, 모두의 인생은 특별하지만 굳이 나누자면, 월급 받으며 회사 다니는 것이 평범하게 산다는 말과 제일 가깝다. 굴곡 많은 인생이라 자평하지만 실은 나도 평범한 회사원에 불과하다. 매월 21일에 월급 받아 생활비, 아이들 학원비, 은행 이자, 월세 내고 나면 남는 게 별로 없다. 서울살이의 팍팍함을 온몸으로 체감하면서 사는 중이다. 월급 인상률이 물가 인상률을 한창 밑돈 지도 벌써 수년째다. 이 모든 건 공공기관을 직장으로 선택한 내 복이다.

스물여섯에 입사했으니, 만약 정년까지 다닌다면 무려 35년을 직장인으로 살게 된다. 인생 이모작, 삼모작 이야기가 일상화된 시대에 35년을 한 회사에 다닌다는 건 누가 뭐래도 큰 축복이다. 직장인이니 돈, 명예, 권력에 대한 욕심은 어느 정도 내려놓는 게 상책이다. 그러나 대외적으로 잘 드러나지 않아서 그렇지 조직 안에서도 명예(자리), 권력(승진)을 향한 암투와 경쟁은 늘 존재한다. 오랜 기간 축적되어 온 이기적 유전자는 어쩔 도리가 없다. 소시민으로 무탈하게 사는 건 여간 어려운 일이 아니다.

의사, 변호사, 회계사, 연예인 등 특정 직종의 고소득 전문직이나, 성공한 사업가, 부모에게 재산을 물려받은 금수저를 제외하면, 십중팔구(十中八九) 대부분 사회인은 정승처럼 벌어서 정승처럼 쓰는 게 전부다. 생활 수준을 월급에 맞춰 살다 보면, 거기에 익숙해진다. 마음도 편하고, 어디 가서 욕먹을 일도 없다. 그러나 살다 보면 불현듯 퇴직, 독립, 그리고 경제적인 풍요로움을 떠올리게 된다. 평생 남이 주는 월급만 받고 살고 싶은 사람은 없다. 모두 자신만의 특별한 반전(反轉) 스토리를 원한다. 비범하지 않은 인생은 하나도 없다. 우물쭈물하다가, 내 이렇게 될 줄 알았다는 묘비명은 누구든 사절이다. 그러려면, 새로운 일에 도전하며 살아가야 한다. 시도와 성취를 계속 경험해야 한다. 그래야, 내 삶의 전부로 여겨지는 회사, 조직 그 이상을 볼 수 있다. 삶의 변주가 없으면, 고통과 권태만 반복될 따름이다.

오늘 만난 CEO, 정 대표는 모텔을 운영한다. 자그마치 4개나 된다. 본인과 배우자, 그리고 믿을 만한 후배가 맡아서 관리하는 중이다. 예전 같으면, 그러려니 했을 텐데, 웬일인지 자꾸만 그에게 관심이 간다. 그가 어떤 계기로 모텔업에 종사하게 되었는지, 그리고 직업 만족도는 어떤지, 몸이 고생하는 만큼 벌이는 괜찮은지, 궁금증이 이어졌다. 더구나, 정 대표의 후배가 의사 출신이라는 이야기를 듣고 호기심이 더 커졌다. 명실상부한 전문직에서 모텔 관리인으로의 변신이라니! 아무리 직업에는 귀천이 없다지만, 놀랍다고 해서 이상한 일도 아니다. 가만 생각해 보면, 돌아갈 곳 있는 자의 한낱 일탈, 여유로움의 방증일지도 모르겠다. 의사의 외도(!)를 보고 있자니, 거꾸로 왜 다들 전문직, 전문직 하는지가 더 잘 와 닿는다.

정 대표는 나와 비슷한 또래다. 그도 30대 중반까지는 평범한 회사원이었다. 대학에서 컴퓨터 공학을 전공한 그는, IT 기업에서 웹디자이너로 십 년 이상을 근무했다. 그도 권태와 고통을 시계추처럼 오가며, 성실하게 하루하루를 살던 직장인이었다. 그러던 중, 지인의 추천으로 우연히 모텔업에 관심을 가지게 되었다. 때마침, 힘에 부친 누군가가 모텔을 싸게 내놓았다는 소식이 들렸다. 한 달간의 체험과 고심 끝에, 그는 모텔을 인수했다. 모두의 반대를 무릅쓴, 과감한 선택이었다.

역세권 뒷골목에는 음식점과 술집뿐만 아니라 모텔도 많다. 수요가 많기 때문이다. 예나 지금이나, 불철주야(不撤晝夜) 모텔은 성업 중이다. 정 대표가 모텔을 인수한 얼마 뒤, 코로나가 창궐하며 자의 반 타의 반 모텔을 찾는 사람들은 더 늘었다. 팬데믹은 예측불허의 행운이었다. 외형성장의 비결이라고 해 봤자, 깨끗하게 청소해서 객실의 청결을 유지하는 것이 전부였다. 그가 솔선수범하니, 다른 직원들도 대충대충 일할 수는 없었다. 열심히 일하는 직원들을 위해서 고정급이 아닌, 매출액에 비례해 월급이 올라가도록 급여체계를 바꾸었더니, 직원들의 근로의욕은 한층 고취되었다. 매출 상승도 뒤따랐다. 자연스레 선순환 구조가 구축됐다.

의외로 본인 신분을 노출하는 데 별다른 거리낌 없는 고객들도 많다. 하긴, 숙박플랫폼으로 예약하고 찾아오는 게 일반적이니, 숙박업소(모텔, 호텔)는 더 이상 쉬쉬하면서 몰래 찾는 음지의 영역이 아니다. 가족, 친구, 연인이 다양한 이유로 이곳을 찾는다. 플랫폼 말고, 직접 전화로 예약한 손님에게 숙박료와 음식 가격을 할인해 준 후로는, 단골도 많이 늘었다. 친절과 청결, 그리고 요금 할인이면 만사 오케이다. 매장 주변의 분식집과 음식점을 섭외해 고객이 간단한 먹을거리를 QR코드로 주문할 수 있게 한 점도 매출 증가에 한몫했다. IT 기업 출신 CEO의 평범한 아이디어에 불과하지만 생각만 하는 것과 실행하는 것의 차이는 확연하다. 갓 조리한 음식이 바로 배달되니, 음식 매출이 숙박 매출을 넘어서는 날들도 속출했다.

그렇게 몇 년의 세월이 지났고, 정 대표는 어느덧 여러 개의 모텔을 운영하는 총괄 CEO가 되어 있다. 건물 월세와 인건비 외에는 특별한 매출원가가 없어 영업수익률도 점점 높아지고 있다. CEO의 체력, 실행력, 그리고 인간의 타고난 본능에 주목한 점이 성공의 원인이다. 물론, 어려움이 없는 건 아니다. 가장 신경 쓰이는 건 사람들의 시선이다. 체면치레를 중시하는 사회 분위기상, 아무래도 밖에 나가서 자랑하고 다닐 만한 비즈니스는 아니라는 생각도 든다. 그러나 시대는 바뀌었다. 고객에게 효용을 제공하고, 그에 대한 정당한 대가를 받는 일이기에 거리낄 건 없다.

프랑스 속담 중 "돈에는 냄새가 없다"는 말이 있다. 근원은 이러하다. 로마 제국에서는 세탁업자들이 공중화장실의 오줌을 모아 큰 통에 담아 보관했다. 오줌 속 암모니아 성분 덕에 빨래를 그 안에 담그면 하얗게 표백이 되기 때문이다. 오줌통에서는 지독한 악취가 나지만, 담갔다 뺀 빨래에서는 냄새가 나지 않는다. 세탁업자들이 돈을 많이 버니, 그들에게서 걷는 세금도 많았다. 황제(정부)

로서는 돈에는 냄새가 없다고 선언할 만했다. 자기는 하기 싫어도, 누군가 해줬으면 하는 일. 거기에 돈 버는 길이 있다. 로마 시대, 조선 시대, 21세기 대한민국 다 마찬가지다.

우리 속담 중에도 "개처럼 벌어서 정승처럼 쓴다"는 말이 있다. 이 말은 돈 벌 때는 수단과 방법을 가리지 않고 벌어서 정승처럼 떵떵거리면서 쓰고 산다는 뜻으로 이해된다. 그러나 원래 의미는 아무리 미천하고 험한 일로 돈을 벌더라도, 그 돈을 쓸 때는 뜻깊고 보람 있게 써야 한다는 의미다. 이 속담이야말로 정 대표가 시금석(試金石)으로 여겨야 할 말이다. 돈 벌어서 가족들과 여행 많이 다니고, 부모에게 효도하고, 주변 사람들까지 도울 수 있으니, 이보다 더 좋을 순 없다. 그의 최종 목표는 유기견 10만 마리의 보금자리 마련이다. 원대한 프로젝트만 있는 건 아니다. 그는 지금도 보육시설이나 자선단체에 정기적으로 적지 않은 돈을 기부한다. 웬만한 사람은 상상하기 힘들 정도의 금액을 복지기금으로 조성해서 버림받거나 소외된 이웃들(유기견 포함)이 세상의 온기를 느끼도록 도울 예정이다. 구체적인 일정과 목표금액까지 세워둔 걸 보니, 장기 프로젝트의 실현 가능성은 커 보인다. 쉼터를 제공한다는 점은 지금의 모텔 사업과도 맞닿아 있다. 어쩌면 처음부터 정 대표는 다 계획이 있었는지도 모른다. 사업이 잘되는 데에는 그만한 이유가 있다.

1999년, 이승철은 〈오직 너뿐인 나를〉을 발표했다. 팝 발라드의 전형을 보여주는 곡이다. 세련된 편곡 스타일에 30대 초반 이승철의 미성이 더해지니, 대중에게 제대로 통하는 노래가 탄생했다. 애절한 노랫말, 애수(哀愁) 어린 목소리, 쭉쭉 뻗는 고음의 영향으로 〈오직 너뿐인 나를〉은 이승철표 발라드곡 중 하나로 오랫동안 애창된다. 한동안 뜸했던 이승철의 20세기 마지막 히트곡은, 그로부터 20년 후 악동뮤지션과 함께 선 무대(유희열의 스케치북)를 통해 다시 한번 화제가 됐다.

1996년 발표한 〈오늘도 난〉이 상업적으로 크게 성공했으나, 이후 그는 침체기를 보냈다. 이혼의 아픔, 시련 이후 발표한 《Deep Blue》 앨범의 실패까지, 침체의 시간은 지속됐다. 1999년 앨범 수록곡 목록에도 원래 〈오직 너뿐인 나를〉은 없었다. 친구의 권유로 우연히 들어본 외국곡의 멜로디가 너무 맘에 든 나머지, 그는 하룻밤 사이 노랫말 쓰고 제목 정하고 노래를 마친 뒤, 부리나케 앨범의 마지막 곡으로 실었다. 그런데 오직 이 한 곡이 가수를 살렸다. 히트곡은 힘들이지 않고 뚝딱 만들어진다는 오랜 불문율이 이번에도 들어맞았다. 눈과 귀를 열어두니, 그에게도 예측불허의 행운이 찾아왔다.

특이한 건, 그가 〈오직 너뿐인 나를〉 댄스 버전도 발표했다는 점이다. 지금 들어도, 이 편곡은 어딘지 어색하다. 개인의 취향은 제각각이지만, 최소한 나에게는 그러하다. 애이불비(哀而不悲), 슬퍼도 겉으로는 슬픔을 감추는 게 고수라지만, 춤추고 노래 부르면서까지 떠난 임을 그리워하는 건 별로다. 이즈음 이승철은 수많은 히트곡을 댄스 버전으로 편곡해, 전국 방방곡곡 나이트클럽으로

순회공연을 다녔다. 길거리에 버려진 나이트클럽 포스터 속에서 그의 모습을 보았던 장면은 아직도 기억이 생생하다. 당시 나는 적 잖은 충격을 받았다. 자타공인 최고의 가수라 불리던 그가 대관절 무슨 나이트클럽 출연이란 말인가. 춤추는 사람들 틈에서 부르는 〈오직 너뿐인 나를〉이 발라드곡일 수는 없었을 터다.

시간이 흘러 어느 인터뷰 자리에서 밝힌 바에 따르면, 그는 당 시 나이트클럽에 출연해서 번 돈으로 본인 명의의 녹음 스튜디 오도 짓고, 악기와 음악 장비도 많이 살 수 있었다. 2000년대 초 반, 전열을 재정비한 이승철은 김태원과 다시 만나 불후의 명곡 〈Never Ending Story〉를 발표하고 화려하게 부활했으니, 그에게 밤 무대는 한낱 사치가 아닌, 고심 끝에 내린 승부수였던 셈이다. 30 대 인기가수의 체력과 실행력, 그리고 인간의 타고난 본능에 주목 한 점이 성공의 밑바탕이었다. 정 대표의 그것과도 크게 다를 바 없 다. 이러쿵저러쿵하는 남들의 이야기, 시선에 지나치게 신경 쓰면, 될 일도 안 된다. 술 마시고, 노래하고, 춤을 추는 자리에 당대 최고 의 가수가 나타나 댄스파티를 개최하니, 관심이 몰리는 건 당연했 다.

고객의 만족으로 그의 가치는 극대화됐다. 틈새시장 공략에 성 공한 공급자의 출연료는 이제 부르는 게 값이 된다. 돈에는 냄새가 없다. 불법, 탈법, 그리고 누군가의 불행을 조장하는 일이 아닌 한, 세탁업자, 모텔업자, 가수가 돈 많이 번다고 손가락질할 수 없다. 차라리 부러우면 부럽다고 솔직하게 인정하는 편이 낫다. 모두가

정승처럼 벌어 정승처럼 쓴다면, 자본주의는 이미 역사의 뒤안길
로 사라졌을 거다. 이승철이 오른 무대 중에는 독도도 있고, UN 본
회의장도 있고, 평창 동계 올림픽 스타디움도 있다. 이 무대에 오르
면 일류, 저 무대에 오르면 삼류 가수로 급이 나뉠 리는 없다. 사람
의 품격은 지금의 무대(배경)가 아닌, 비전(Vision)으로 드러난다. 돈
벌이, 그 이후가 중요하다.

3장
Life
goes
on

2001

2010

때로는 창피함을
무릅써야 한다

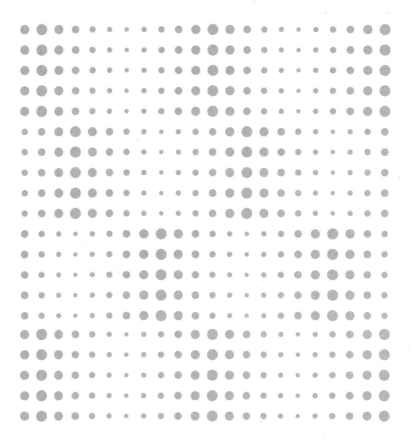

Never Ending Story (2001)

2001년 발매한 부활 8집 《새, 벽》의 타이틀곡. 김태원이 작사, 작곡했다. 〈사랑할수록〉과
〈Lonely Night〉 이후 침체기를 보이던 부활이 말 그대로 '부활'하는 계기가 된 노래이자, 〈희야〉,
〈비와 당신의 이야기〉, 〈사랑할수록〉 등과 함께 부활의 명곡들 중 하나로 꼽히고 있다.

"머지않아 세상을 깜짝 놀라게 할 소식으로 찾아올게요!"

2000년 초여름으로 기억한다. 경기도 가평의 어느 야영장, 바비큐 파티를 하던 도중에 그가 우리에게 했던 말이다. 여기에서 말하는 그는 이승철이고, 우리는 팬클럽 회원들이다. 우리라고 표현하긴 했지만, 나는 쭈뼛거리며 주변을 맴돌던 비주류였을 뿐이다. 팬클럽 이름 새침떼기 역시 왠지 남자에게는 어울리지 않는 명칭이기도 했다. 어쩌다가 주류들의 모임에 참석하게 됐는지 자세히는 기억나지 않지만, 당시 군 제대 직후였으니, 내게도 치기 어린 용기가 좀 있었던 모양이다. 몇 안 되는 남자 중 하나다 보니, 여기저기서 뜨거운 시선이 느껴지고, 나를 보면서 한 마디씩 키득거리는 것 같아서, 잠깐이나마 나는 누구, 여긴 어디 하며 〈후회〉도 했다.

참석자 수는 대략 50여 명, 남자는 나 포함 5명 내외였던 것으로 기억한다. 나를 제외한 나머지 남자분들은 서로 잘 아는 눈치고, 그와도 스스럼없이 대화를 나누는 걸 보았다. 군중 속 고독감이 나를 감쌌다. 예전 몇 번의 정기모임에 나갔을 때, 유일하게 대화를 나눠본 적 있던 태풍이 형이 없었다면, 난 아마 도망치듯 가평에서 빠져나왔을 거다. 지금은 어디서 무얼 하고 있을지 전혀 알 길이 없는 그 이름, 태풍이 형은 이름마저 멋있었다. 그 특유의 친화력은 아직도 기억이 생생하다. 나와 고향이 같다는 사실을 알고 나서 다행이라는 생각이 들었다. 난 〈긴 하루〉를 그의 옆에만 붙어 있으면서 호시탐탐 기회를 노렸다.

여기서 말하는 기회란, 이승철에게 말을 걸 기회, 혹은 그의 질문에 대답할 기회를 뜻한다. 먼저 그에게 다가가 큰절을 올리고, 노래도 한 곡 부르며 존재감을 과시하던 태풍이 형 옆을 계속 지키면, 어떻게든 기회가 올 것임은 확실했다. 그러나 다른 이에게 기대기만 하고 정작 본인은 가만히 있으니, 아무런 일도 생기지 않았다. 《쿠킹 콘서트》라는 책을 낸 적이 있을 정도로 요리에 일가견이 있는 승철이 형은 야영장에서도 본인의 실력을 유감없이 발휘했는데, 내가 한 일이라곤 그가 손수 구워서 내어주는 바비큐를 맛있게 먹는 일뿐이었다. 식사 이후 장기자랑 시간에도 남들 노래나 장기자랑을 보며 손뼉 치는 일이 내 역할의 전부였다.

발야구 경기 때 홈런볼 차고 1루, 2루, 3루를 돌아 홈까지 들어오면서 쓸데없이 의기양양했던 것도, 지금 생각해 보면 눈꼴사나운 행동이다. 아무리 군에서 제대한 지 얼마 안 됐기로서니, 순수 민간인들 앞에서 뻥 축구하고 자랑스럽게 운동장 한 바퀴 도는 모습이라니, 다시 생각해도 화끈거린다. 그래도 발야구 때 어떻게든 존재감을 드러낸 모습이 그의 시선을 끌었나 보다. 발야구에 진심이었던 나를 보고, 그가 핀잔을 준 것이다. 숨어 있더라도 나의 존재감이 드러나기를 바랐었는데, 그런 일은 벌어지지 않는다.

욕을 먹는 한이 있더라도, 창피함을 무릅쓰고 본인이 직접 행동해야 어떤 결과든 생긴다. 가수와 팬의 첫 대면치고는 그다지 아름다운 장면이라고는 할 수 없지만, 소기의 목적만큼은 확실히 달성한 셈이었다. 그의 장난스러운 꾸지람에 아무런 대꾸도 하지 못했지만, 속으로는 쾌재를 외쳤다. 당시 내 나이 20대 초반, 10년 만에 꿈이 이루어진 순간이었다. 자나 깨나 그를 흠모하던 내게, 그가 먼저 말을 걸어온 것이다.

그전까지는 스스로 나서서 무언가를 시도해 본 적이 없다. 당연히 해야 하는 의무만 방어하는 인생이었다. 집과 학교를 오고 가는 모범생이었기는 하나, 먼저 나서서 태권도, 피아노, 컴퓨터 학원 한번 다니고 싶다고 이야기해 본 적 없었다. 내 적성과 특기가 무엇인지 알아낼 생각도 하지 못하고, 무상의무교육만 다했을 뿐이다. 고등학교 때는 과학 과목에 취약했는데, 그걸 돌파하기 위한 행동, 예를 들면, 학원이나 과외, 개인교습마저도 시도하지 못했다. 주어지는 모든 결과는 거스를 수 없는 나의 운명이라고 생각했다. 그렇게 살아오던 차에 처음으로 먼저 용기를 내 연락하고, 실제로 움직였더니, 어릴 때부터 추앙하던 〈그대가 나에게〉 먼저 말을 걸어오는 뜻밖의 결과가 생긴 것이다. 여전히 그는 나를 잘 모르겠지만, 스무 해 전 가평의 어느 야영장에서 우리가 같은 경험을 한 것만은 분명하다. 게다가 그날 고기와 술, 기념품을 선물한 것도 내가 아닌 그였다. 남다르게 움직이다 보면, 이렇게 갑과 을이 바뀌는 일도 벌어진다.

먼저 용기를 내 원하는 결과를 낸 건 그도 마찬가지였다. 머지 않아 세상을 깜짝 놀라게 할 소식으로 찾아오겠다던 그의 공언은 미래에 대한 자기 예언이었다. 2000년대 초반, 사실 그는 지는 별이었다. 예전 인터뷰에서 스스로 인정했던 것처럼, 이승철도 한물 갔다는 평가가 나오던 시절이다. 록 보컬리스트 출신 솔리스트라 는 독특한 경력과 희대의 가창력이라는 평가와는 별개로, 언제까 지나 왕년의 인기, 지난 히트곡만으로 명성을 유지할 수는 없는 일 이다.

당시는 남녀노소 가리지 않고 말 그대로 대중(大衆)에게 사랑받 던 동년배 가수 신승훈과 김건모가 앞서거니 뒤서거니 최고의 자 리를 지키던 때였다. 그에게 처음 주어진 '라이브의 황제'라는 칭호 도 어느새 여러 명의 가수가 돌려쓰는 의례적인 수식어가 되어 그 의미가 퇴색하는 중이었다. 팬들과 거리낌 없이 소통하고, 함께 등 산하고, 캠핑하고, 고기를 구워 먹으면서도, 그는 내심 또다시 찾 아온 위기를 극복할 방법을 모색하고 있었을 터. 스스로 여러 차례 밝힌 바처럼, 껌처럼 씹히더라도 사람들의 입에 자주 오르내리고 관심을 끌어야 생명력이 유지되는 대중가수이기 때문이다. 먼 곳 까지 찾아 준 새침떼기에게 한없는 고마움을 가졌을 테지만, 한편 으로는 그들도 여차하면 언제든 떠날 수 있는 〈변덕스러운 그대〉 임을 잘 알고 있었으리라.

그의 선택은 다시 김태원이었다. 당시에는 김태원 역시 힘든 시 간을 보내고 있었다. 밤낚시를 하며 세월을 낚고 있던 김태원에게 갑작스레 전화를 걸자, 전화를 받은 상대방도 적잖게 놀랐다는 후 문이다. 자존심이라면 둘째가라면 서러울 〈그 사람〉 아니던가. 살 면서 오다가다 만난 적이야 왜 없겠냐마는, 둘 사이의 사정을 자세히 모르는 우리에게는, 1986년 '부활' 2집 발표 후 무려 15년 만의 재회였다. 밤 통화에서 어떤 이야기가 오고 갔는지, 사과와 용서와 같은 때 묵은 감정들이 오갔는지는 알지 못한다. 다만, 그가 먼저 연락했고, 그로부터 얼마 후 그들이 끝이 없는 이야기(Never Ending Story)로 부활했다는 것만큼은 잘 안다.

결국, 어렵사리 용기 내 찾아갔던 가평의 어느 야영장에서 나는 남들보다 1년 먼저 그들의 〈비밀〉을 알게 된 셈이다. 물론 지레짐작은 했었다. 세상을 깜짝 놀라게 하려면, 최소한 김태원 정도는 만나서, 최소한 〈희야〉나 〈비와 당신의 이야기〉 정도의 노래는 나와야 할 텐데 하고 말이다. 두 사람의 재회가 화제임은 확실했으나, 노래의 성공 여부는 불확실했다. 그건 천하의 조용필이나 마이클 잭슨도 마찬가지다. 이름값이 성과를 담보하지는 않는다. 제아무리 최고의 멜로디를 쓰고, 유재석이 진행하는 방송에서 라이브 무대를 꾸미고, 유명 배우가 출연하는 뮤직비디오를 내보내도, 듣는 이들이 반응하지 않으면 성공은 없다.

2001년, 그룹 '부활'이 발표한 〈Never Ending Story〉도 첫 몇 개월간은 반응이 기대 이하였다. 《새, 벽》 앨범이 발표되고 나서, 나도 주변인들에게 홍보한다고 노력했으나, 사람들은 생각보다 두 사람의 만남에 격하게 반응하지 않았다. 억지스러운 물량 공세보다는, 자연스러운 구전(口傳)·소문(所聞)의 힘이 강하다는 건 예나 지금이나 그대로다. 어느 날 친구와 PC방에서 게임을 하는데, 이곳 저곳에서 〈Never Ending Story〉가 울려 퍼졌다. 그러면서 한마디씩 거드는 말이 들려왔다. "야! 이 노래 좋네, 무슨 노래야? 누가 부른 거야?" 김태원이 만들고, 이승철이 불러서 좋은 게 아니라, 가사와 멜로디, 노래가 좋아 알아봤더니 그게 공교롭게도 15년 만에 재결합한 '부활'이었을 뿐이다. 어느 영화와 같은 일은 그렇게 이루어졌다.

그로부터 다시 20여 년이 흘렀다. 여기 중년의 새침떼기도 하고 싶은 일, 보고 싶은 이 있으면, 기다리지 않고 먼저 연락하면서 산다. 불러 주는 이, 찾아 주는 이 없어도 계속하다 보면 누군가 대답할 것임을 믿으면서 말이다. 두 사람이 여전히 우리 곁에서 활동하고 있어 다행이다. 전성기가 지났느니, 기량이 쇠퇴했느니 하는 논쟁은 둘째다. 누가 배신했느니, 누구 인간성은 별로니 하는 갑론을박도, 사실은 세간의 관심이 남았기에 가능한 이야기다. 다만, 아무 일도 하지 않으면서, 예의 이름값에 기대어 좋은 일이 벌어지길 바란다면, 그건 반대다. 또 다른 기적을 만들기 위해서는 먼저 연락해야 한다. 누구도 대신 부활할 수는 없다. 내년이면 데뷔 40년 차, 그들의 끝이 없는 이야기가 다시 시작되길 기대해 본다.

자유인

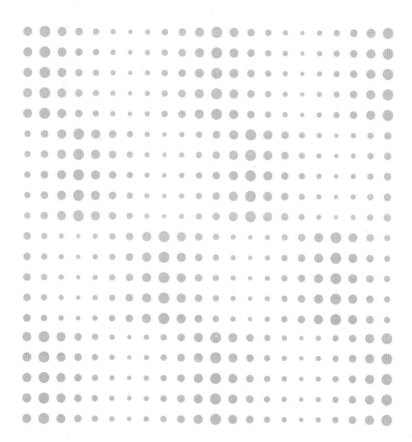

새, 벽 (2001)

부활의 8집 《새, 벽》의 수록곡. 부활의 음악은 8집을 기점으로 더욱 부드러워지고 서정적이며, 이는 대중성 있는 록발라드 중심의 음악의 연장선이기도 하다. 발매 당시 기타리스트와 보컬리스트의 14년만의 재회라는 이슈로 많은 관심을 모았다.

축구를 사랑하는 아들 덕에 시간이 나는 대로 상암 월드컵 경기장을 찾는다. 주말마다 열리는 K리그를 관람하며 FC 서울을 응원하기 위해서다. 진짜 한국 축구를 아끼는 팬이라면, 손흥민과 이강인이 출전하는 국가대표 경기 결과에만 일희일비할 게 아니라, 매주 전국 팔도 경기장에서 열리는 1부 리그, 아니 2부 리그, 3부 리그 경기를 즐겨야 하는 것 아니냐는 아들의 생각에 동화된 지는 오래다. 명색이 대한민국의 수도 서울을 연고로 하는 축구팀인데도 이번 국가대표에 선발된 선수가 한 명도 없어 아쉽다는 아들의 푸념에도 이내 고개가 끄덕여진다. 한때 FC 서울 유소년팀에 잠시 몸담기도 하고, 장래 희망란에 축구선수를 써넣기도 했던 아들 덕분에, 나는 역대 최고의 관중몰이로 인기 절정인 프로야구보다는, 축구에 더 진심이다.

FC 서울과 인천 유나이티드 간 축구 경기를 보다가 인천 유나이티드의 응원가를 듣고 깜짝 놀랐다. 2001년 15년 만에 다시 만난 김태원과 이승철이 '부활' 이름으로 발표한 기념 앨범의 1번 트랙이자, 앨범명이기도 한 〈새벽〉이었기 때문이다. 침체기를 겪고 있던 두 사람에게 다시금 음악 인생의 전성기를 선물해 준 노래가 〈Never Ending Story〉임은 두말할 나위가 없지만, 나에겐 프런트(Front) 곡 〈새벽〉이 더 울림이 컸다. 20년도 훌쩍 지난 시기에, 드넓은 축구장에서 응원곡 〈새벽〉을 다시 듣게 될 줄은 꿈에도 몰랐다.

〈새벽〉은 동 틀 녘(dawn)을 의미하지만 동시에 새(bird)와 벽

(wall)이기도 하다. 김태원이 작사·작곡한 이 곡의 정확한 제목은 〈새, 벽〉이다. 인천 유나이티드의 단가는, 사실 남북통일을 염원하는 노래다. 어쩌면, 대한민국 축구계를 천하 통일하겠다는 그들의 바람과도 맞닿아 있을지 모르겠다.

> 새가 날아오르는 머나먼 저 언덕에 희망이라는 바람이 부네
> 저 바다를 넘어 기찻길을 따라 새가 날아오르는 하늘을 보라
> 커다란 날개를 펴고 가까이 가려 해
> 우리가 살아온 날보다 내일이 더 길 테니

〈새벽〉의 노랫말과 오케스트라 편곡은 웅장하기 그지없다. 그러나 이승철의 보컬은 다른 곡들과는 달리 별다른 기교나 바이브레이션이 없다. 임재범의 표현처럼, 이승철은 그저 한 마리 매처럼 노래할 뿐이다. 마치, 자유롭게 하늘을 나는 새에게는 벽(장애물)이 있을 리 없다는 듯. 새와 벽은 통일을 희망하는 은유(metaphor)이기도 하지만 부족한 현실과 한계를 뛰어넘으려는 어느 축구팀의 응원가로도 제격이다. 문학경기장에 울려 퍼진 〈새, 벽〉을 듣자, 음악의 깊은 속뜻을 사람들이 잘 몰라주는 것 같다며 속상해하던 내 어린 시절의 치기가 떠올랐다. 진가(眞價)는 언젠가 드러나기 마련이다.

고전 소설 《그리스인 조르바》의 주인공 알렉시스 조르바는 산전수전 다 겪은 예순 줄의 사내다. 소설이 1946년에 쓰였으니, 당

시를 기준으로 그는 이미 인생의 황혼기를 맞이한 노인이다. 하지만 그는 여전히 천방지축이요, 제멋대로다. 평생을 걸쳐 특별히 이룬 성과도, 벌어 놓은 재산도 변변치 않지만, 과거에 대한 후회도, 미래에 대한 걱정도 없어 보인다. 가정에 대한 책임감도 없고, 천하의 바람둥이에 "신은 죽었다" 식의 과격한 주장까지 펼치니, 소설 발표 당시 작가에 대해 신성모독 논란이 거셌던 것도 무리는 아니다. 게다가, 그리스는 신화의 발상지 아니던가.

그러나 《그리스인 조르바》는 수십 년이 흐른 지금도 고전 (Classic)으로 추앙받는다. 그간 여러 차례 영화로도 제작되었다. 이유는 자명하다. 조르바가 자유와 해방의 상징이기 때문이다. 한 번 사는 인생, 관습과 제도, 남의 이목 따위에 얽매이지 않고, 자유롭게 사는 것. 어제도 내일도 아닌, 바로 지금 오늘을 사는 것이야말로 진정한 자유임을, 초로(初老)의 그리스인은 온몸으로 증명한다. 무작정 크레타섬으로 향하는 《그리스인 조르바》와 함께 항해하다 보면, 우리 안에 숨겨져 있던 자유의지가 절로 솟구친다.

하지만 자유와 해방은 여전히 직접경험보다는 간접경험에 가깝다. 소시민은 차마 현실을 떠나지는 못하고, 가끔 참기 힘들 때마다 책으로 읽고, 음악으로 듣고, 영화를 보면서 위안 삼는 게 전부다. 현실의 나는 하늘을 날 수 있는 새도, 알렉시스 같은 그리스인도 아니기에, 깜냥껏 일구어 놓은 터를 버리고 무작정 떠날 용기가 부족할 수밖에. 하기야 종잡을 수 없이 기괴하고 남다른 사람이기에, 조르바가 오랜 시간 자유의 상징으로 소비되는 것이리라.

2024년 대한민국을 사는 40대의 가장은 대리만족이면 족하다.

그래도 살아갈 날들이 많기에 꿈꾸기를 멈출 수는 없다. 나에게 주어진 책임을 다하면서도, 도전은 계속하기로 한다. 그 시절 일탈의 의미로 소비되던 술과 음악, 악기연주가 이제 풍요로운 인생을 위한 도구가 될 수 있다는 점은 다행이다. 행여, 살아온 날보다 살아갈 날들이 적다 하더라도 〈새, 벽〉을 들으며 현실 너머의 꿈을 꿀수 있음에 감사하다. 다만, 끝없이 비상하는 새보다는, 넘지 말아야할 벽도 있음을 잊지 않고, 감당할 수 있는 높이로 주행하는 것이 나와 가족 모두의 행복을 고려한 최적의 선택임을 믿어 의심치 않는다. 고전도 시간(Time)과 장소(Place), 상황(Occasion)에 맞게 재해석되어야 한다.

김태원과 이승철도 어느덧 《그리스인 조르바》와 같은 또래를 살고 있다. 누구보다 자유로운 영혼을 불태우던 둘이지만, 여전히 통제하기 힘든 그리스인과는 달리, 그들은 한층 성숙한 한국인으로, 본인에게 주어진 책임을 다하면서 산다. 아내와 두 명의 자녀를 둔 가장이라는 점, 한 밴드의 마스터라는 점, 수많은 후배 음악인의 본보기(Role Model)라는 점에서 두 사람은 닮았다. 다만, 오랜기간 서로 음악적 교류를 안 하고 있다는 점에서, 자신에게 주어진 사명(使命)을 다한 건지는 개인적으로 의문이다.

20세기 그리스 크레타섬에서도, 21세기 대한민국 서울과 인천에서도, 자유를 갈구하는 《그리스인 조르바》와 〈새, 벽〉은 여전히 유효하다. 그러나 니코스 카잔차키스 같은 작가, 김태원 같은 작곡

가, 이승철 같은 보컬리스트는 보편적이지 않다. 그렇기에 그들은
사는 동안 가급적 많은 흔적을 남겨야 한다. 예인(藝人)들은 하늘이
선물한 달란트(Talent)를 잘 쓸 의무가 있다. 이렇게 적고 보니, 너
무 거창한 것 같기도 하다. 창작하는 사람들에게 과도한 스트레스
를 주어서는 안 되니, 톤을 좀 낮춰야겠다. 데뷔 40주년을 기념하
는 의미로, 두 거장이 함께 신곡 하나만 내면 좋겠다. 땅에서도 하
늘에서도, 상암에서도 문학에서도, 남에서도 북에서도 계속 들리
도록, 노래의 제목은 〈새(bird) 벽(wall), Never Ending Story〉 정도
가 어떨까 싶다.

태도에 대하여

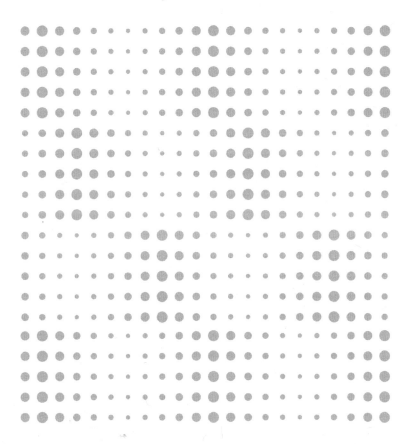

인연 (2004)

MBC 드라마 《불새》의 OST로 2004년 발표되었으며 이승철이 직접 작사까지 한 곡이다. 드라마가 히트하며 곡 역시 그해 큰 인기를 얻었다. 보통 드라마의 엔딩곡이 더 많은 사랑을 받기 마련인데, 슬픈 장면마다 등장하는 이승철의 노래가 엔딩곡보다 임팩트가 더 커서 〈인연〉이 불새의 대표 곡이 되었다.

사람은 누구나 자신의 의지와는 관계없이 태어나, 누군가를 좋아하거나 미워하기를 반복하다가 삶을 마감한다. 물론, 자기 인생과 직접적으로 엮이지 않은 99.99%에 해당하는 다른 사람에 대한 무관심은 예외다. 나비의 날갯짓이 몰고 오는 후폭풍이 어마하듯이, 요즘은 이스라엘과 이란의 충돌, 러시아와 우크라이나 전쟁과 같은 국제 정세의 변동이 머나먼 한국 땅에 발 디딘 개인의 일상에도 큰 영향을 준다. 세상이 거대한 하나의 네트워크가 된 지는 오래다. 그러나 거시적 이벤트로 인한 감정의 증폭은 일시적이어서 이내 사그라든다. 가뜩이나 빡빡한 세상살이인데 지구촌 걱정까지 사서 할 필요는 없다. 그건 위정자들의 몫으로 남겨두고, 우리는 각자의 행복을 추구하며 살면 될 일이다.

문제는 미움받는 일이다. 살다 보면, 이 세상 0.01%도 안 되는 내 주변의 누군가로부터 풍문과 소문만으로 미움을 받거나, 하지도 않은 일로 오해를 받는 경우가 있다. 소문은 살에 살을 덧붙여 부풀려지게 마련이다. 나름 믿을 만한 사람이라는 판단하에, 누군가에게 학교생활의 고충이나 직장 상사나 동료 선후배와의 힘든 관계에 대해 터 논다 치면, 결국 돌아오는 건 나에 대한 또 다른 소문뿐이다. 스트레스를 풀기 위한 술자리에서 아무 생각 없이 주고받는 대화도, 어느 순간 나를 향한 화살로 되돌아오는 경우가 있다. 결국, 입조심이 미움받지 않는 최선책인 셈이다.

그러나 수행자가 아닌 한 말실수뿐만 아니라, 누구라도 실수하지 않고 살 수는 없다. 실수를 반복하지 않는 한, 새로운 기회는 주

어져야 한다. 설령 치명적 잘못을 저질러 법의 심판을 받은 사람이
라 하더라도, 죗값을 치른 이후에는, 공적인 영역이 아니라면 마땅
히 실수를 만회할 기회, 새로운 삶을 영위할 기회는 필요하다. 유명
인이든, 무명인이든 관계없이 말이다.

윗자리로 올라갈수록, 유명해질수록, 수면 아래의 소문이 물 위
에 떠오른다. 남 잘되는 건 두고 못 보는 인간의 시기심과 질투심
이 발현된다. 낭중지추(囊中之錐), 즉 뛰어난 재능은 어떻게든 세상
에 드러나기 마련이지만, 그와 동시에 모난 돌이 정을 맞기도 한다.
한 번의 잘못은 불특정 다수의 좋은 먹잇감이 된다. 혹자는 셀럽의
숙명, 성공을 바라는 사람이라면 응당 감내해야 할 대가라고 주장
하기도 하지만 묻지도 따지지도 않는 마녀사냥식 돌팔매는 사람을
죽음에까지 이르게도 한다는 점에서 곱씹어 볼 여지가 크다.

흔히들 어떤 일을 대하는 자세, 몸가짐과 마음가짐이 뛰어난 사
람을 두고 태도(Attitude)가 좋다고 표현한다. Attitude라는 단어는
한 사람에 대한 최고의 찬사가 되었다. 좀 유식해 보이고 싶을 때,
축구를 대하는 손흥민의 Attitude, 방송을 향한 유재석의 Attitude
가 뛰어나다고 말하면 된다. 태도(Attitude)는 본뜻보다 훨씬 광범위
하고, 고급스러운 표현으로 자리매김한 단어다. '태도'라 쓰고, '진
정성'이라고 읽는 시대다. 사실, 태도라는 건 동(動)적인 단어다. 인
사조직 교과서에서는 태도를 3단계로 구분한다. 태도의 3요소는
인식(Cognition), 감정(Affirmation), 행동(Action)이다. 태도란 한 사람
이 객관적 사실을 어떻게 받아들이느냐에 따른 결과치다. 외부의

환경이나 정보를 긍정적으로 해석한다면, 긍정적으로 행동할 것이
지만, 부정적으로 받아들인다면, 위험한 행동을 할 가능성이 크다.
주목해야 할 지점은 바로 뒤의 경우다.

돌고 돌아 당사자의 귀에까지 들려오는 부풀려진 소문 하나에
도 별의별 생각이 다 드는 것이 인지상정일진대, 알지도 못하는 사
람이 사방팔방에서 나에 대해 수군거린다면, 작은 실수가 큰 잘못
으로 침소봉대된다면, 거짓이 참으로 둔갑한다면, 태도는 무너져
내릴 수밖에 없을 것이다. 조직 생활을 하는 사람이라면 더욱 그렇
다. 태어날 때와 마찬가지로, 생의 마감도 본인 의지와는 무관하게
진행되어야 하지만 만에 하나 심적으로 무너져 내린 누군가는 스
스로 극단적 선택을 내리기도 한다. 안타깝고 슬픈 일이다. 그러나
촘촘하게 엮인 지금의 네트워크 사회에서 이러한 태도(Attitude)를
오롯이 개인의 선택으로 치부해서는 안 된다. 우울감은 쉽게 전이
되기 때문이다.

2005년, 최고의 배우로 떠오른 이은주는 스스로 생을 마감했
다. 영화 《번지점프를 하다》와 《연애 소설》을 통해 남자들의 순수
한 첫사랑 이미지를 완벽하게 소화해 낸 그녀는, 《오! 수정》, 《주홍
글씨》 같은 영화로 연기의 스펙트럼을 넓혔고, 2004년 TV 드라마
《불새》의 여주인공 역할로 자타공인 최고의 배우로 자리매김했다.
그러나 사실 그녀는 오랜 기간 우울증을 앓았다. 그리하여 평단의
찬사, 대중의 인기를 뒤로한 채, 끝내 세상을 등지는 태도를 보이
고야 말았다.

《주홍 글씨》속 연기가 20대 초반의 여배우가 소화하기엔 워낙 어렵고 힘들었다는 이야기는 유명하다. 어두운 배역이 그녀의 선택에 얼마만큼의 영향을 미쳤는지는 잘 알지 못한다. 다만, 배우로서 한 단계 도약하려는 올곧은 마음가짐과는 별개로, 그녀는 외부 환경을 부정적으로 받아들이고, 절망했을 가능성이 크다. 여기에는 그녀에 대한 터무니없는 소문과 이를 퍼 나른 댓글들도 포함된다. 온라인 댓글은 밑도 끝도 없음에도, 모두에게 노출된다는 점에서 치명적이다. 술자리 험담은 그 자리에 참석한 사람들을 일일이 찾아다니며 해명이라도 할 수 있지, 나와 아무런 상관 없는 99.99% 사람들에게까지 오픈된 네트워크 혹은 익명성이 보장되는 험담 전문 애플리케이션 환경하에서는, 제아무리 강한 정신력을 보유한 사람이라 해도, 견디는 데는 한계가 있다.

상처는 커지고, 우울감은 보편화되는 악순환이 반복되면, 그녀처럼 잘못된 선택을 하는 사람의 수는 늘어난다. 문명의 결정체라는 가상의 공간이 유토피아가 아닌 디스토피아라면, 차라리 99.99%의 존재를 알지 못한 채 평생을 살아가는 수렵채집 시대가 더 나을지도 모를 일이다. 악화가 양화를 구축하는 세상에서 좋은 태도(Attitude)를 유지하며 사는 일은 쉽지 않다.

누구나 행복을 추구할 권리가 있다. 최소한 확인되지 않은 험담을 퍼 나르는 일은 강하게 처벌되어야 한다. 잘못과 실수가 확정되고 난 후에 욕해도 충분하다. 이후에도 반성하지 않고 두 번 세 번 같은 실수를 반복한다면, 그건 욕하는 사람이 아닌, 욕먹는 자의 몫일 터다. 그러나 그전까지는 남을 비난하기 전에 거울을 바라볼 일이다. 누구나 말 못 할 비밀은 있다. 삶과 죽음은 어찌할 수 없다지만, 사는 동안만큼은 미움 대신 사랑에 전념할 일이다. 길어 봐야 100년, 미주알고주알 남들 일에 관심 두는 대신, 나의 〈인연〉들에게 애정을 쏟기에도 짧은 생이다.

2004년, 이승철은 〈인연〉을 발표했다. 이 노래는 이서진, 이은주, 에릭이 주연한 MBC 드라마 불새의 주제가(OST)다. 새삼스럽게도, 이 노래를 부른 가수부터 드라마의 주인공들까지, 누구 하나 소문과 악담에 시달리지 않은 사람은 없다. 실수는 불가피하다. 사회 시스템의 뒷받침과는 별개로, 삶을 긍정하려는 개인의 태도(Attitude) 또한 중요하다는 생각이다.

〈인연〉은 스키를 타다가 어깨를 크게 다쳐 힘든 시간을 보내고 있던 이승철에게 예고 없이 찾아온 선물 같은 곡이다. 때로는 위기가 기회가 되기도 하는 법. 특별히 바쁠 일은 없었을 시기, 최고의 인기 배우들이 출연하는 드라마에 최고의 작곡가 윤일상이 만든 멜로디라니, 눈치 빠른 그가 이런 기회를 마다할 리는 없다. 이승철은 "눈을 떠 바라보아요. 그댄 정말 가셨나요"로 시작하는 가사를 직접 쓰고, 순식간에 녹음까지 마쳤다. 그는 사실 이 노래가 별로 마음에 안 든다고 〈고백〉했었다. 쌍팔년도 음악처럼 좀 구리다고까지 했다. 하지만 다음 회차 드라마 클라이맥스 장면에서 〈인연〉이 울려 퍼지던 순간, 그는 히트를 직감했다고 한다. 다음은 우리가 아는 그대로다. 노래의 하이라이트 부분, 진성과 가성을 넘나드는 빼어난 가창을 접한 대중은 그에게 OST계의 황제라는 다소 민망한 타이틀까지 부여했다. 나이 마흔 줄에 아이돌 가수가 즐비한 가요 계에서 10대 가수로 선정되는 영광도 뒤따랐다.

　노래가 발표된 지 20년이 지났는데도, 여전히 〈인연〉의 생명력 은 이어지고 있다. 이승철 라이브 중 가장 높은 조회수를 기록 중 이고, 수많은 동료 후배 가수들이 여전히 이 노래를 커버(Cover)하 고 있다. 이제 〈인연〉은 이승철의 대표곡이라 해도 과언이 아니다. 다친 김에 그냥 쉬느니, 뭐라도 해야겠다는 적극적 태도(Attitude)가 결국 의외의 성과로 이어진 셈이다.

　잘되고 못되는 건 신의 영역이다. 음악, 드라마, 영화가 히트할 지를 맞히는 건 불가능에 가깝다. 기업이 만들어 내는 제품의 성공 여부도 마찬가지다. 잘된다 한들 모두 결과론적인 해석일 뿐이다. 〈인연〉의 경우처럼, 차라리 운칠기삼이라고 고백하는 것이 더 솔 직한 표현이다. 때로는 심혈을 기울인 노력도 〈외면〉받는다. 그러 나 스스로 시행착오를 겪는 것과는 별개로, 제삼자가 무턱대고 충 고나 조언, 비판, 비난을 하는 것은 한 사람의 영혼에 돌이킬 수 없 는 상처를 입힌다. 댓글을 아예 안 보는 사람은 있어도, 한 번만 보 는 사람은 없다고 하지 않던가. 한번 내뱉은 말은 주워 담을 수 없 듯이, 공개된 공간에 글을 남기는 것 또한 신중할 일이다. 더 이상 의 내로남불은 반대한다. 삶을 긍정하려는 개인의 태도보다 우선 해야 할 것은 관용이라는 시대정신이다. 〈인연〉은 태도와 관용에 대한 노래다.

워크아웃과 신뢰 회복

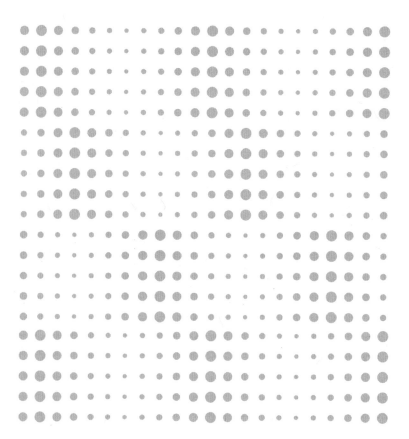

긴 하루 (2004)

이승철이 부활과의 재결별 후 낸 7집 앨범 《The Livelong Day》의 타이틀곡. 전해성 작곡가가 작
사·작곡했다. 이전과는 다른 분위기의 곡에 창법도 바꾸어 대중으로부터 신선하다는 평을 받았
으며 흥행에도 성공했다.

대기업 태영건설의 워크아웃이 개시되었다. 금융채권자협의회의 동의율은 96.1%다. 채권자의 동의율이 75% 이상일 경우 워크아웃이 개시될 수 있다. 워크아웃(Workout)은 기업의 재무구조 개선 작업을 의미한다. 이제 태영건설은 모든 금융 채무에 대한 상환을 유예받고, 외부 전문 기관을 통해 회사의 자산 실사를 받은 후 계속기업으로서의 존속 가능성을 평가받게 된다.

이후 태영건설의 정상화 가능성이 인정되고, 지주회사와 계열사, 대주주들의 고강도 구조조정 계획이 충실하게 이행된다면, 채권자들은 채무조정은 물론, 신규 자금 지원까지 검토하게 된다. 사실상 채무불이행(디폴트)에 처한 기업에 다시 한번 기회를 제공하는 것이다. 건설업계, 부동산 시장, 더 나아가서는 국민경제에 미치는 부정적 영향을 최소화할 필요가 있기 때문이다. 태영건설의 금융채무 규모는 무려 수조 원대다. 태영건설이 자금난에 처한 이유는 사업성 저하로 인한 부동산 PF(프로젝트 파이낸싱) 대출의 부실화다. 건설 부동산 경기의 침체와 금리 인상, 원자재 가격의 상승, 수익형 부동산 미분양, 공사 지연 등이 겹치면서 회사의 자금 유동성이 한계에 봉착했다.

그 와중에 대출금 만기가 도래했으니, 개별 금융회사는 대출 기한을 연장해 줄 명분과 실리가 없을 것이다. 그러나 개별 채권자의 이익만을 고려해 기존 담보물 처분, 예·적금 상계, 우선변제권 청구 등에 임하는 경우 건설회사뿐 아니라, 관계기업, 협력업체, 은행을 비롯한 금융회사, 분양자, 건설업계 전반의 연쇄 위기 가능성이 크다. 따라서, 채권자들이 협의회를 구성해 워크아웃을 검토하기에 이른 것이고, 금융당국도 이러한 과정에 적극 개입할 수밖에 없다.

단, 대마불사(大馬不死)식 접근은 바람직하지 않다. 당장 시중에는 이익은 사유화하고, 손해는 공유화하느냐는 의견이 돈다. 당연하다. 기업의 자금난, 프로젝트 부실화의 1차 책임자는 기업 자신이기 때문이다. 외부 환경 탓을 해봐야 자기 얼굴에 침 뱉기다. 대한민국 국민의 지적 수준이나 의식, 즉, 민도(民度)는 세계 최고 수준이다. 더구나, 태영건설은 국가 핵심 기간산업이 아닌, 수많은 건설사 중 하나에 불과하다. 스스로 뼈를 깎는 혁신적 구조조정이 선행되지 않는다면, 태영건설은 모래성처럼 무너질지도 모른다.

워크아웃의 기본은 신뢰 회복이다. 부도 직전의 회사에 재기의 기회를 주는데, 공정과 상식의 잣대를 대는 것은 당연하다. 한 기업에만 특혜를 준다는 오해를 부르면 안 된다. 본인의 채무상환 유예, 탕감, 더구나 추가 자금 지원 요청까지 한다는 건 은행을 비롯해 수백의 채권자들에게 손해를 떠넘기는 일이다. 그런데 일반 국민이 대부분 금융회사에 예금, 적금 등을 보유한 채권자이거나, 대출을 이용 중인 고객이라는 점에서, 기업의 워크아웃 개시는 사실상 사적 채무가 공적 채무로 전환된 일이나 다름없다. 따라서, 기업의 고통 분담, 고강도 구조조정은 피할 수 없다. 대주주의 사재출연과 지분 매각, 핵심 영업 활동 외 자산 매각, 관계사(계열사) 지분 매각 등을 통해 회생 의지를 보여줘야 한다. 수십 년의 역사와 경험을

이 사회의 자산으로 다시 인정받으려면, 과거 실패를 인정하고, 기꺼이 책임지려는 자세가 필요하다. 집단지성을 통한 정상화, 그리고 손실의 최소화가 가능할지 지켜볼 일이다.

워크아웃이 남의 일만은 아니다. 자본주의 사회를 사는 한, 누구나 성공과 실패, 재기를 경험하면서 살아간다. 나 역시 그러하다. 나의 워크아웃 역사를 기록해 본다. 회사 생활의 권태로움이 유독 크게 느껴지던 시절, 준비가 덜 된 상태에서 위험을 무릅쓰고 공격적 투자를 감행했다. 오래전에 사 둔 제주도 땅을 팔아서 친척이 운영하는 프랜차이즈 가맹점에 수천만 원을 투자했다. 하루 이틀 정도 고민하고 내린 결정이었다. 밥값은 천 원 단위로 고민하면서도, 막상 수천만 원의 투자 의사 결정은 이토록 신속했다. 그러면서도 어쭙잖은 나의 통찰력, 직관력을 과신했다. 비용 편익 분석, 상권 분석, 인력 운영 방안 고민은 없었다. 동업자에게 지나치게 의지한 나머지, 당장 눈앞에 처한 영업난, 인력난도 어떻게 해결할지 결정하지 못했다. 그저, 가게가 잘되길 기도하고, 시간 날 때마다 그곳으로 가서 내 주머니를 털어 스스로 구매하는 게 다였다. 결코 잘될리가 없는 나몰라라식 투자였다.

바이오기업 주식에도 수천만 원을 투자했다. 회사에서 주력으로 개발 중인 신약, 파이프라인, 특허 보유 현황을 공부하기는커녕, 함께 일하는 동료 직원의 말만 믿고, 부동산 매각 수익 전액을 투자했다. 소문에 사고, 뉴스에 팔라는 격언에는 충실했으나, 결과적으로 투자 원금의 30% 이상을 손해 봤다. 알고 보니, 기술적인 준비가 덜 된 회사였다. 경제적 손실도 손실이지만, 투자 추천자를 원망하는 나 자신이 더 원망스러웠다. 전직 증권회사 직원, 명색이 경영학 박사가 누굴 탓하겠는가.

투자 실패는 온전히 나의 책임이었다. 공부가 덜 된 상태에서 성급히 의사결정을 내린 탓이다. 행여 초기수익률이 높았다 하더라도, 그건 오롯이 초심자의 행운이었으리라. 남에게 의지하려는 태도도 큰 문제였다. 코로나 팬데믹 시기, 비정상적으로 증가했던 비대면 배달문화가 오랜 기간 지속되리라고 생각했던 것 역시 나의 판단 착오였다.

그러나 한 가정의 가장이 이대로 회생, 파산절차로 직행할 수는 없는 일이었다. 즉시 자체적인 워크아웃에 돌입했다. 가장 먼저, 불필요한 소비 지출을 제한했다. 자가용도 매각했다. 신속한 구조조정 덕분에 버스 타는 묘미, 걷는 재미, 점심 도시락의 참맛도 알게 됐다. 건강 개선은 덤이었다. 친구가 대주주로 참여 중인 벤처기업, 사촌 동생이 직접 경영 중인 전도유망한 기업의 초기 투자자가 되어 회사의 성장 방안을 함께 고민하고, 영업 사원을 자처해 틈나는 대로 회사를 홍보하기도 했다. 가끔 먹는 커피, 짜장면, 치킨도 내가 투자한 회사의 제품을 애용하는 것으로 가치투자자로서 삶을 지향하는 중이다.

무엇보다 가족들에게 나의 실패담을 알리고, 재정 상황을 공유한 후 용서를 구하는 게 우선이었다. 솔직함이 신뢰 회복의 지름길이다. 아내는 너른 마음으로 나를 이해해 줄뿐더러, 육아휴직을 중단하고 계획보다 일찍 복직했다. 덕분에 현금수지가 개선됐다. 투자기업은 무럭무럭 성장 중이고, 뉴타운 지구 재개발 사업도 순항 중이며, 20년 이상의 직장 생활로 퇴직금도 계속 쌓여 가고 있으니, 나의 워크아웃은 순조로운 마무리가 예상된다.

2004년, 이승철이 발표한 〈긴 하루〉도 워크아웃의 결과물이다. 그는 2002년 김태원과 15년 만에 다시 만나 발매한 〈Never Ending Story〉로 화려하게 부활했으나, 얼마 후 둘은 다시 헤어졌다. 갈등설, 불화설 등 각종 말들이 난무했다. 여하튼, 불세출의 창작자 김태원과의 이별로 그는 또다시 위기에 처했다. 홀로서기라는 운명에 처한 이승철의 선택은 신예 작곡가 전해성, 그리고 〈긴 하루〉였다. 그는 다시 시작한다는 심정으로 가창에 변화를 줬다. 예의 화려한 가창력, 바이브레이션은 모두 덜어 냈다. 최대한 담백하게 노래 불렀고, 곡의 구성도 단순화했다.

김태원의 기타, 채제민의 드럼, 서재혁의 베이스가 없으니 불안할 법도 했지만, 그는 거꾸로 힘을 뺐다. 처음 발표 당시에는 팬들조차 이승철의 목소리가 아닌 줄 알았다는 평이 많았다. 나 역시 그러했다. 그의 노래는 어색하지만 신선했다. 이룰 수 없는 사랑을 애절하게 소리 높이던 그가, 평범하고 고단한 일상을 읊조리듯 노래하자, 대중은 오히려 환호했다. 어쩌면, 그에게 김태원과 '부활'은 기댈 수 있는 큰 자산임과 동시에, 짊어져야 할 큰 부채였을지도 모른다. 규모의 경제를 이루기 위해서는 자산(=부채+자본)이 커야 하지만 구조조정을 위해서는 부채를 줄여야 한다. 자기 자본만으로 승부를 본 결과가 〈긴 하루〉라고 해도 과언은 아니리라. 그해 겨울, 나이 마흔에 아이돌 가수들 틈에서 10대 가수의 영예까지 얻었으니, 이승철의 워크아웃은 성공한 셈이다.

워크아웃, 즉, 구조조정은 언뜻 외부인에게 운명이 맡겨지는 것 같지만, 실은 본인에게 성패가 달려있다. 본인 주도하에 새로운 미래 비전을 세우고, 적극적으로 개선 의지를 피력할 때 외부의 지지와 응원도 받을 수 있다. 자기가 가진 것과 갖지 못한 것을 있는 그대로 펼쳐 놓고, 이해를 구해야 한다. 이승철 밴드의 이름이 미래로였던 것처럼, 시련을 겪었어도 과거에 매몰되지 않고, 미래를 보아야 한다. 과거는 지나간 것이다. 독불장군은 75%의 동의를 받기 어렵다. 책임지는 자세, 진정성 있는 모습이 선행되어야 신뢰를 회복하고 새로운 기회를 잡을 수 있다. 워크아웃은 위기이자, 기회다.

라이벌
(임재범 vs 이승철)

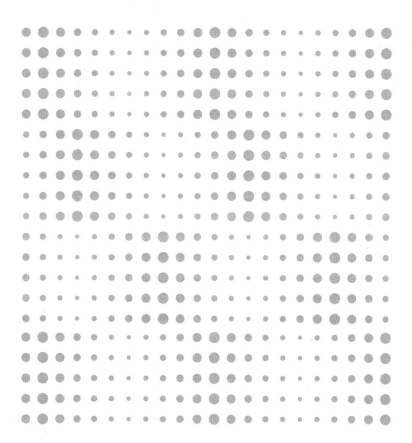

가로수 그늘 아래 서면 (2005)

1988년 9월 15일 발매된 가수 이문세의 정규 5집 《이문세 5》의 타이틀곡. 故 이영훈이 작사·작곡
했으며, 김명곤이 편곡했다. 2005년 이승철이 리메이크했고, 2006년엔 임재범이, 2010년엔 장재
인이 리메이크하며 전 세대가 모두 아는 노래가 되었다.

같은 하늘 아래 태양이 두 개일 수는 없다. 네 개일 수는 더더욱 없다. 대한민국 최고의 보컬리스트는 누구인가라는 질문은, 유치하긴 해도 사람들의 구미를 자극하기엔 충분하다. 근 십여 년은 이른바 '김·나·박·이' 4인 천하 시대로 불리고 있다. 김범수, 나얼, 박효신, 이수. 1970년대 후반~1980년대 초반에 태어난 네 명의 남성 보컬리스트들은, 오랜 시간 저마다의 목소리 특성을 바탕으로 보컬 역량을 키우고, 꾸준히 히트곡을 내면서 반석 위에 올랐다. 그중 누가 최고인가에 대한 갑론을박은 현재 진행형이다.

여성 보컬리스트 중 최고를 가려내려는, 가벼운 듯 무거운 이 토론 주제 역시 여전히 살아 숨 쉰다. 내가 알고 있는 사자성어로는 '박·소·이·거'가 있다. 박정현, 소향, 이영현, 거미, 4인방이 바로 그들이다. 사람마다 호불호가 갈릴 수 있고, 이들 이외에 다른 보컬리스트를 최고로 치는 의견도 적지 않지만, 적어도 여기 언급된 이들을 평가 절하하기는 어렵다. 최고의 실력자로 이름이 오르내리기 위한 제1의 덕목은, 다름 아닌 시간의 축적이기 때문이다.

변덕스러움이 둘째가라면 서러울 대중음악계에서 최소 15년 이상을 버티면서 여러 실적(히트곡)도 내고, 각종 논란도 감당해 낸 이들만이 시대 최고의 가수 후보군에 이름을 올렸다는 점이 중요하다. 분야를 막론하고 꾸준함이 최선이다. 모두가 수긍할 만한 객관적인 1등을 가리는 건, 애당초 불가능한 일일지도 모른다. 음악에는 각자의 취향이 있을 뿐이다.

물론, 최고(G.O.A.T: Greatest Of All Times)를 선정하려는 수요는 늘

있다. 비교하고 선택하려는 본능은 국가, 종교, 인종을 초월한다. 예수 vs 부처, 공자 vs 맹자, 소크라테스 vs 아리스토텔레스 같은 고전부터, 메시 vs 호날두, 마이클 조던 vs 르브론 제임스, 비틀스 vs 마이클 잭슨, 조용필 vs 신중현, 남진 vs 나훈아, 신승훈 vs 김건모, 서태지 vs 듀스, 블랙핑크 vs 뉴진스에 이르기까지, 라이벌전에는 도무지 끝이 없다.

임재범 vs 이승철 역시 한국 가요계 오래된 질문지 중 하나다. 정작 당사자들의 의견은 생략한 채 말이다. 그렇지만, 그들이 걸어온 발자취를 따라가다 보면, 이 둘을 비교하게 되는 것 역시 인지상정(人之常情)이다. 라이벌을 비교 선상에 올려놓고, 토론하는 것만큼 재미있는 일도 많지 않다. 토론방에서 이 둘을 비교한 내용 중 가장 흥미로웠던 건, 이승철은 엄마 보컬, 임재범은 아빠 보컬에 빗댄 표현이다. 엄마 아빠 중 선택하는 문제라면 정답은 없고, 취향만 남는다는 점에서 적절한 비교라는 생각이다. 누가 더 낫다고 굳이 싸울 필요가 없다.

1980년대 중반, 임재범은 고등학교 동창인 기타리스트 신대철이 이끄는 밴드 '시나위'의 보컬로 데뷔했다. 대중음악 종사자들은 일제히 환호했다. 이제껏 들어 본 적 없는 독보적 록 보컬리스트가 제 발로 나타난 셈이었다. 〈크게 라디오를 켜고〉, 〈그대 앞에 난 촛불이어라〉는 평단의 찬사를 받았고, 임재범은 단숨에 대한민국 록 보컬의 상징이 되었다. 파란만장한 개인사가 있는 임재범의 실제 나이에 대한 의견은 분분하다. 네이버 프로필에는 1962년생

으로 나온다. 그런데 빠른 1967년생인 신대철과 고등학교 동창이
라고 하니, 뭔가 사연이 복잡해 보인다. 그래도 태어난 시간이 2개
버전일 수는 없다. 신대철과 임재범이 친구 관계이니, 1966년생인
이승철과 임재범은 동갑내기로 보아도 크게 문제가 될 것 같지는
않다. 겹치는 친구, 선후배 간 호칭이 조금 꼬이는 건 어쩔 수 없다.
나이로 서로의 자존심 세울 나이도 지났다.

임재범의 데뷔와 비슷한 시기, 이승철은 기타리스트 김태원이
이끄는 밴드 '부활'의 보컬로 대중음악계에 입문했다. 록 밴드와는
어울릴 것 같지 않은 미성, 곱상한 외모에 대중은 환호했다. 이제껏
경험해 본 적 없는 보컬리스트의 탄생이었다. 〈희야〉, 〈비와 당신
의 이야기〉는 평단의 찬사를 받았고, 이승철은 소녀들의 우상으로
급부상했다.

그로부터 거의 40년의 세월이 흘렀다. 두 사람은 초창기 시
절, 각 밴드의 보컬리스트로 TV 프로그램에 동반 출연해 〈아름다
운 강산〉을 함께 부른 적이 있다. 그 오래된 필름 외에는, 아직 둘
이 한 무대에 섰다는 이야기를 들어본 적이 없다. 삶의 궤적이 많
이 다른 두 사람이지만, 그사이 후배 가수들은 롤 모델로 이 둘을
계속 언급했고, 소위 대중음악 전문가들도 앞서거니 뒤서거니 이
들을 최고의 보컬리스트로 꼽으며, 두 사람을 묘한 긴장 관계에 놓
이게 했다. 사람인 이상, 신경이 쓰일 수밖에 없었으리라. 두 사람
은 나이, 데뷔 시기만 겹치는 게 아니다. 확연히 다른 목소리임에
도 즐겨 부르는 노래도 여럿 겹친다. 닮고 싶은 목소리로 언급한 적

있는 전설의 그룹 '딥 퍼플'의 보컬리스트 데이비드 커버데일이 부른 〈Soldier of Fortune〉은 두 사람 모두 여러 차례 방송에서 노래한 적 있다. 가요 중에는 故 김정호가 직접 만들고 부른 〈이름 모를 소녀〉, 故 이영훈이 만들고 이문세가 부른 〈가로수 그늘 아래 서면〉이 대표적이다.

2005년, 이승철은 데뷔 20주년 기념 리메이크 앨범을 발매했다. 〈가로수 그늘 아래 서면〉은 앨범 수록곡 중 하나다. 이 노래는 한국형 발라드의 대명사인 이문세, 그리고 그와 영혼의 파트너로 불리던 작곡가 이영훈의 대표곡이자, 전 국민의 애창곡이다. 리메이크 앨범에서는 이승철의 섬세한 미성이 돋보이도록 편곡했다. 그는 콘서트와 TV 방송을 통해 여러 차례 이 노래를 불렀다.

비슷한 시기, 임재범도 이 곡을 리메이크했다. 원곡자 이문세가 직접 선정한 최고의 리메이크곡도 임재범이 발표한 〈가로수 그늘 아래 서면〉이다. 이문세는 거칠면서도 애절하게 노래하는 임재범의 저력을 엿볼 수 있다며 후배를 극찬했다. 라이벌이 들으면 섭섭할 수도 있는 말이지만, 어쩔 수 없는 일이다. 나의 최선을 다했다면, 남이 하는 비교와 평가는 무던하게 넘겨도 좋다. 노래방 애창곡 수준이 아니라, 각자 심혈을 기울여 발표한 리메이크 앨범에 수록한 곡까지 겹치는 걸 보니, 두 사람의 음악 취향이 크게 다른 것 같지는 않다. 우연이 겹치면 필연이다. 알게 모르게, 둘은 서로의 존재를 의식하면서 살아왔을지도 모를 일이다.

임재범은 《나는 가수다》에 출연한 이후 대중적 인지도와 인기

가 급상승했다. 오매불망(寤寐不忘) 그의 출연만을 기다리던 팬들
뿐 아니라, 그의 라이브를 본 적도 들어 본 적 없는, 어렴풋이 무림
의 고수 정도로만 그를 인식하고 있던 사람들마저, 마치 노래에 음
정과 박자는 그다지 중요하지 않다는 듯이 포효하는 그에게 감탄
했다. 당시 그에게 붙은 별명은 끝판왕, 프로그램의 이름은 어느덧
"나만 가수다"로 변해 있었다. 프로그램 관련 인터뷰 중 임재범은
난데없이 이승철을 소환했다. 함께 출연했던 가수 조관우에 대해
뱀처럼 노래한다고 말한 후, 이승철을 독수리에 비유했다. 곱씹어
볼 만한 참신한 표현이었다. 사실 나는 이승철이 뱀이라고 생각했
다. 빙빙 공기를 되감으며 노래하기 때문이다. 그런데 가만히 생각
해 보니 이승철의 고음은 날카롭기도 하다. 높이 날다가 갑자기 쏘
기도 하니, 독수리가 제격이었다.

　이승철도 어느 인터뷰에서 임재범의 목소리가 부럽다고 털어
놓은 적이 있다. 내가 못 가진 것을 부러워하지 않는 것, 남과 나를
비교하지 않는 것이 행복의 필요충분조건임을 숱하게 듣지만, 그
게 잘 안 되니까 사람인가 보다. 천하의 임재범과 이승철도 서로를
비교하는데, 나 같은 범인(凡人)이야 더 말해 무엇하랴.

　라이벌이 있어야 천하를 자기 발아래로 보는 우(愚)를 범하지
않을 수 있다. 실력을 쌓고 겸손을 배우는 데는 스승보다 차라리 호
적수(好敵手: 알맞은 상대)가 더 낫다. 고립되어 혼자 살지 않는 한, 비
교와 경쟁은 불가피하다. 중요한 건 품위를 잃지 않는 것이다. 누군
가를 향한 시기와 질투에서 벗어나려면, 눈앞에서 피 말리는 경쟁

을 하느니, 차라리 어느 정도 거리를 두는 편이 더 낫다. 아마도 이들은 같은 무대에 서서 자웅(雌雄)을 겨룰 필요까지는 없다고 판단한 듯하다. 누가 마지막 무대에 설 것인가를 두고 다투는 일은 크게 실익도 없고, 에너지 소모만 크다. 쓸데없는 감정 소진은 건강을 해치고, 우리 안의 추악한 본성을 깨울 뿐이다. 때로는 피할 줄도 알아야 한다.

다시 태어나지 않는 한, 이승철은 임재범의 목소리를 닮을 수 없다. 그 반대도 마찬가지다. 서로 다를 뿐이지, 객관적으로 더 우월한 목소리, 더 나은 가창이 있을 리 만무하다. "공기 반, 소리 반" 같은 기준도 절대적이지 않다. 서로를 치켜세운다 해도, 사실 두 사람은 자기 자신을 최고라고 생각할 가능성이 크다. 그렇지 않고서야 무려 40년을 한 무대에 서지 않은 게 더 이상하다.

나 같은 음악 소비자야 뭐 아무려면 어떠한가. 엄마의 잔소리가 듣고 싶지 않은 날엔 아빠의 곁으로 가면 되고, 아빠가 무서울 땐 편안한 엄마의 품속으로 들어가면 그만이다. 엄마도 좋고, 아빠도 좋다. 누가 더 좋은지는 그날의 기분이 좌우한다. 그저 두 사람 다 오래 노래할 수 있기를 바랄 따름이다. 강렬한 태양과 은은한 달빛. 같은 하늘 아래, 태양은 두 개일 수 없지만, 달은 해가 꾸는 꿈일 수 있다. 그 반대도 성립한다.

Life goes on
(삶은 계속된다)

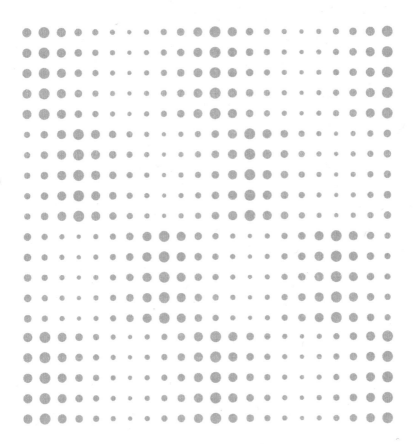

서쪽 하늘 (2005)

영화 《청연》(2005)의 OST 수록곡. 윤명선 작곡, 이승철 작사. 다만 청연의 공식 OST 음반에
는 없으며, 대신에 이승철이 그동안 자신이 불렀던 OST 곡들을 모아 제작한 스페셜 앨범 《청연
(Movie Collection)》에 수록되어 있다. 영화 청연에서는 엔딩 크레딧에 BGM으로 삽입되었다.
다만 영화 자체의 흥행은 여러 논란으로 부진했다.

집 밖으로 나와 길 하나만 건너면 연희동이다. 늘 발길이 닿던 곳이자, 첫째 아들이 다닌 중학교도 있는 곳이니, 내가 연희동 주민이라 해도 완전히 틀린 말은 아니다. 고즈넉한 주택들이 많이 모여 있기도 하고, 골목골목 맛집을 찾아다니는 재미도 있어서 연희동 산책을 즐겼다. 그러나 이제는 연희동을 피해 다닌다. 어느 날 아들을 학교에 바래다주고, 느긋하게 연희동 주택가를 걷다가 느닷없이 경찰의 제재를 받은 〈기억 때문에〉다. 그렇다. 내가 걷던 연희동 그 골목에는 전두환의 집이 있었다. 전직 대통령 집 근처를 두리번거리며 걷는 미심쩍은 성인 남성이 있으니, 경찰로서는 그저 맡은 바 임무를 성실히 수행한 것일 수도 있다. 그러나 아무래도 당황스럽고, 어이가 없었다.

스무 살 무렵, 아직은 대학생들의 시위가 종종 있었던 시절, 정경대 후문에서 전투경찰의 요구로 책가방 검사를 받다가 경제학원론 책을 빼앗겼던 일이 있었다. 불온서적으로 오해받았기 때문이다. 강남 고속버스 터미널에서 고향으로 가는 버스를 기다리던 중 사복경찰에게 신분증 검사를 받았던 기억도 있다. 그나마, 그건 모두 20세기의 일이다. 그러나 21세기 대명천지에 명실상부 민주공화국인 대한민국의 수도 서울에서 또 이런 일을 당할 줄은 미처 생각하지 못했다. 물론, 나는 중년의 소시민에 불과했던지라, 상대방에게 불시 검문의 헌법과 법률적 근거를 대라며 당당하게 쏘아붙이지는 못했다. 스스로 고안해 낸 해결책이라고 해 봐야 연희동 주택가에 다시는 발을 들이지 않는 수준에 불과하니, 누굴 탓하기도 어렵다.

손에 잡히지도, 눈에 보이지도 않는, 관념적 이미지에 불과한 국가 혹은 권력에 대한 두려움 또는 복종 의식이 내면 깊숙한 곳에 여전히 똬리 틀고 있는 것 같기도 하다. 하긴, 군사정권이 역사의 뒤안길로 사라진 지 30년도 더 지났음에도 지금도 여전히 제6공화국이다.

영화 《서울의 봄》을 보았다. 어렸을 때 TV로 시청했던 드라마 《제5공화국》에 대한 잔상이 남아 있기는 했어도 감회는 새로웠다. 일부에서는 영화적 상상력이 사실에 입각한 올바른 역사관, 가치관을 해칠 우려가 있다며 영화의 상영을 못마땅해한다는 이야기도 들린다. 누구나 알고, 누구나 공분을 느낄 것이라 마땅히 여겨지는 상식도 누군가에게는 몰(沒)상식일 수도 있음을 새삼 깨닫는다. 하긴, 이곳은 사상(思想)의 자유가 있는 21세기 민주공화국이다.

성공한 쿠데타(Coup d'État)는 처벌할 수 없다. 1995년 문민정부 시기에 고발된 신군부 내란죄 기소 건에 대해 당시 사건 담당 검사가 이들을 불기소처분하며 밝혔던 말이다. 이 메시지는 시민들의 공분을 샀고, 여론에 힘입어 전두환, 노태우를 비롯한 신군부에 대한 처벌이 역설적으로 이뤄지게 된다. 내란죄는 현행법상 중죄다. 그러나 수십 년간 몰상식을 상식으로 아는 수많은 쿠데타 추종 세력, 기득권층의 비호에 힘입어 그들은 끈질기게 살아남았고, 심지어 천수(天壽)를 누리기까지 했다.

전두환은 1931년에 태어나 1981년에 대통령이 되었고, 2021

년 사망했다. 노태우는 1932년에 태어나 1988년에 대통령이 되었으며, 친구와 같은 2021년 별세했다. 모두 구순(九旬)을 살았다. 이들 외에도, 12.12쿠데타 세력 중에는 1930년대생들이 많은데, 이들 대부분이 장군, 국회의원, 장관, 공공기관장으로 승승장구했고, 장수(長壽)했으며, 심지어 일부는 여전히 살아 있다.

반면, 군 본연의 역할에 충실했던 군인들의 운명은 가혹했다. 고문, 강제 예편, 계급 강등은 기본이었고, 일부는 목숨을 잃었다. 군사정권의 회유나 협박에 넘어가지 않은 군인들은 본인이 겪은 고초와 수모에 그치지 않고, 부모, 배우자, 자녀의 실족(失足)사, 의문사, 자살로까지 이어졌다. 이 얼마나 가혹한 운명의 사슬이란 말인가.

이승철이 가사를 쓰고, 노래를 부른 〈서쪽 하늘〉은 2005년에 개봉한 영화 《청연》의 주제곡(OST)이다. 이 영화는 일제 강점기의 민간인 여성 비행사 박경원의 일대기를 다루었다. 그러나 흥행에는 실패했다. 주인공의 친일 행적 논란으로 많은 비판을 받았기 때문이다. 영화 평론가 이동진이 꿈을 가진 자가 필연적으로 마주칠 수밖에 없는 고독의 심연이라는 20자 평으로 영화적 완성도와 서사를 높이 평가했음에도, 인물에 대한 미화 논란을 비껴갈 수는 없었다.

2002년 '부활'의 김태원과 재결합해 〈Never Ending Story〉를 내보여 공전의 히트를 하고 화려하게 부활했던 이승철도, 이후 솔리스트로 돌아가 야심 차게 〈서쪽 하늘〉을 발표한 것이었으나, 〈외면)받았다. 아이러니하게도, 영화가 제작된 지 십수 년이 지난 지금, 《청연》의 포스터는 세상에서 가장 슬픈 포스터로 재평가받는다. 영화의 남녀 주인공이 모두 고인(故人)이 되었기 때문이다.

주인공 경연을 연기했던 장진영은 우리나라 최고의 여배우가 될 재목(材木)으로 거명되던 전도유망한 배우였다. 그녀가 주연한 영화 《국화꽃 향기》의 주제가 〈희재〉를 불렀던 성시경은 본인이 실제로 본 사람 중 가장 아름다운 사람이었다고도 언급했다. 그러나 장진영은 주인공 인물의 행적이 논란이 되자 상처받았고, 우울증에 걸렸으며, 결국 2009년 위암으로 세상을 등졌다. 그녀의 나이는 불과 서른일곱이었다. 남주인공 지혁 역할을 맡아 열연했던 김주혁도 아버지(김무생 배우)의 후광에서 벗어나 배우로서 만개하던 중 2017년 교통사고로 유명을 달리했다. 그는 향년 45세였다.

영화 주제가 〈서쪽 하늘〉은 발표 당시 큰 관심을 받지 못하다가, 한참 시간이 흐른 2011년 이승철이 심사위원으로 출연한 《슈퍼스타K 3》의 참가자였던 울랄라세션이 다시 부르면서 뒤늦게 유명해졌다. 프로그램 우승자 울랄라세션의 리더 임윤택도, 2013년 겨우 서른둘의 나이에 위암으로 별세했다.

운명의 장난과도 같은 일이다. 제대로 꽃 피우지 못한 재능에 대한 〈신의 질투〉로밖에 해석할 수 없다. 오백만 관객이 든 영화 속 실제 주인공들은 생전 숱한 비난과 공분을 사면서도 잘 먹고 잘살았다. 반면, 오십만 관객이 든 비운의 영화 속 연기자들은 대중의 지지와 사랑을 받으면서도 쉽게 상처받았고, 요절(夭折)했다. 그래

도 음악은 살아남았다. 아니, 살아남은 정도가 아니라, 슬픈 발라드
의 정수로 온전하게 자리매김했다. 노랫말이 불리는 한, 장진영도,
김주혁도, 임윤택도 영원히 기억될 것이다.

　그들이 〈서쪽 하늘〉로만 기억되는 것도 아니다. 장진영은 20년
째 사랑받는 스테디셀러 〈희재〉의 페르소나로 각인되어 있고, 김
주혁은 독특한 분위기의 범죄스릴러 영화《독전》속 대체 불가 주
인공으로 관객들과 조우 중이다. 임윤택은 세상을 떠난 지 10년 만
에 《얼라이브》라는 음악 프로그램을 통해 생전 모습으로 되살아
났다. AI 기술을 접목한 영상, 음성합성을 통해 부활한 그는 위암을
앓기 전 건강한 모습으로 울랄라세션 멤버, 이승철과 함께 〈서쪽
하늘〉 라이브 무대를 완성했다. 그의 모습과 목소리는 가족과 동
료, 시청자들에게 21세기적 감동을 선사했다.

　어느새, 우리는 마음만 먹으면 그리운 사람을 다시 만날 수 있
는 시대의 초입에 서 있다. 이를 달리 해석하면, 죄(罪)를 가릴 수
없는 세상이 도래했다는 의미이기도 하다. 잘한 일은 잘한 대로, 잘
못한 일은 잘못한 대로 투명하게 평가받는 세상이 되었다는 점에
서, 세상은 진보 중이라고 볼 수 있다. 사필귀정(事必歸正)이 명확해
진 시대다. 따라서, 이제는 과거에 지나치게 얽매이기보다는, 오늘
과 내일을 살아야 한다. 애절하고 슬픈 이야기로 끝나는 줄로 알았
던 〈서쪽 하늘〉의 노랫말도, 다시 살펴보니 떠나간 사람에 대한 사
무치는 그리움으로 삶을 포기하거나 좌절하는 데 그치지 않고, 다
시 만날 수 있다는 희망을 품고 있다.

사는 동안 자신의 재능이 온전히 드러날 것인지는 불분명하다. 세 사람의 청춘도 한참의 시간이 흐른 후에야 빛을 내지 않았던가. 스스로 삶과 죽음을 선택할 수는 없을지언정, 사는 동안 진심으로 임하면 충분하다. 지금은 기억마저 선명하게 기록되는 시대이니, 초조해할 필요는 없다. 자신의 운명을 사랑하되(Amor fati), 하루하루를 충실히 살아가면 된다(Carpe diem). 삶은 계속되기 때문이다(Life goes on).

프랜차이즈 스타

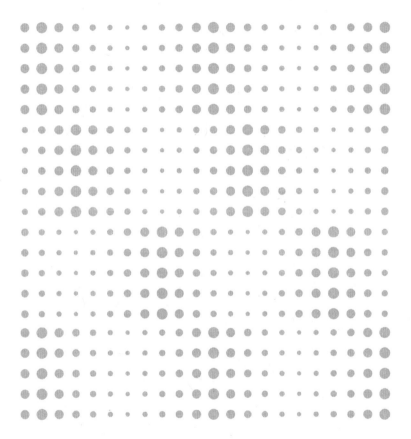

열을 세어 보아요 (2005)

2005년 발매한 이승철 데뷔 20주년 앨범 《A Walk to Remember》의 타이틀곡 중 하나. 《A Walk to Remember》의 타이틀곡은 두 곡인데, 다른 한 타이틀곡은 〈기억 때문에〉다. 〈열을 세어 보아요〉 녹음 당시, 이승철은 화이트 와인을 마시고 노래를 불렀다고 한다.

왠지 나도 돈 좀 벌 수 있을 것 같았다. 코로나 팬데믹으로 모두
가 움츠러들 무렵이라, 오히려 좋은 기회라고 생각했다. 남들과 다
른 역행자가 되어야 성공할 수 있다는 누군가의 조언을 비판 없이
그대로 받아들였다. 부푼 마음에 수천만 원을 덜컥 송금할 때만 해
도, 가슴은 두근거렸다. 미래는 장밋빛일 줄 알았다. 그러나 희망이
절망으로 바뀌는 데 걸린 시간은 2년이면 충분했다.

나의 음식점 투자 실패 이야기다. 드라마 같은 반전, 특별한 에
피소드 같은 건 없다. 그냥 돈이 눈 녹듯 사라진 게 전부다. 실패는
정해진 결말이었다. 별다른 고민도, 준비도 없이 한참 어린 후배
를 믿고, 그에게 모든 것을 맡겼다. 나는 그저 가끔 식당에 들러 메
뉴를 주문하고, 주방에 들어가 격려하고, 에누리 없이 전액 음식값
을 결제하고, 가게를 나와 뿌듯한 웃음을 지으며, 같이 온 지인에
게 자랑하는 게 다였다. 그러고 보니, 투자금만 날린 게 아니었다.
사람도 잃었다. 배도 고프지 않은데, 괜히 먼 길을 돌아 일부러 가
게에 들른 적도 많았으니, 식비와 교통비도 평소보다 몇 곱절은 더
들었을 터다. 실패 경험에 대한 수업료치고는 너무 크고, 썼다.

투자 실패담이 100% 나의 잘못이라고 하기는 어렵다. 처음 안
내받았던 내용과는 달리, 판매가 대비 원재료 가격 비중도 높았고,
배달 수수료도 부담됐다. 본사에서 파견하는 슈퍼바이저가 아르바
이트 공백기를 메꾸어 주고, 손님이 몰리는 시간에 도움을 줄 거라
는 약속도 잘 지켜지지 않았다. 대리경영은 한계가 분명했다.

많은 직장인이 프랜차이즈 가맹점이나, 카페 사장님을 꿈꾼다.

장사가 잘될지 확신이 없기에 당분간 사표는 내지 않되, 월매출이 안정세에 이르면, 비로소 회사에 사표를 던지고, 매일 저녁 우아하게 매출전표를 챙기는 사장님이 되는 모습을 상상한다. 내가 직접 커피를 내리거나, 홀서빙하지 않아도, 누군가가 나를 대신해 알아서 잘 운영해 줄 거라 믿어 의심치 않는다. 그러나 목숨 걸고 스스로 올인하지 않는 이상 운수 좋은 날이 계속되긴 어렵다. 첫 한두 달은 문전성시일 테니, 꿈에서 깨어나 끔찍한 현실을 맞이하기까지 시간이 조금 유예될 뿐이다. 나도 그랬다. 꼭 소를 잃고 나서야 외양간을 고친다.

전국 커피 전문점 수가 10만 개를 돌파했다. 특히, 저가 커피 브랜드의 가맹점 증가세가 가파르다. 메가커피, 컴포즈커피, 빽다방 가맹점 수를 합치면 7천 개가 넘는다고 하니, 거짓말 조금 보태 길을 걷다 잠시만 멈춰 둘러보면, 거리엔 온통 카페뿐이다. 이 정도면 수요가 있어 공급이 있는 건지, 커피숍이 커피를 마시고 싶은 욕구를 억지로 창출하는 건지 헷갈릴 정도다. 이유야 자명하다. 저가 커피 브랜드 매장을 창업하는 것이 다른 업종 대비 진입 장벽이 낮기 때문이다. 수천만 원을 투자해 내 가게를 가질 수 있다는 홍보 문구는 솔깃할 만하다. 전국 커피 전문점 수가 10만 개를 돌파한 이유다. 예전에는 퇴직하고 난 후 치킨집 또는 노래방이라고 했는데, 이젠 너도나도 커피숍이다. 물론, 그때나 지금이나 변하지 않는 사실이 있다. 최후에 웃는 사장님이 많지 않다는 점이다.

돈과 시간, 에너지, 그리고 영혼까지 모두 갈아 넣은 후에야, 나의 인건비 몇백만 원을 수중에 넣는 게 전부다. 타고난 돈복이 있거나, 가게 자리가 좋은 경우 천만 원 이상을 벌 수도 있지만, 대부분 힘에 부쳐서 제풀에 쓰러진다. 가게를 팔려면 권리금을 잘 받아야 하는데, 매장 인테리어비용은 감가상각이 워낙 빠르다. 월매출이 줄어들기라도 하면 밖에서는 귀신같이 그 사실을 알아내 가격을 낮춰버린다. 투자비 수천만 원을 수년간 본인의 인건비로 계산하면, 결국 남는 건 거의 없다. 아니, 손해만 보지 않아도 성공이라 할 만하다.

프랜차이즈 스타는 쉽게 탄생하지 않는다. 하긴 쉽지 않으니, 잘되는 누군가에게 스타라는 칭호를 붙여 주는 것일 터다. 가맹점 운영도 쉽지 않지만, 가맹점의 모회사를 경영하는 일은 더 어렵다. 사실상 완전경쟁시장이기에 같은 메뉴를 취급하는 다른 회사와의 치열한 경쟁에서 버티는 일도 만만치 않고, 본사와 가맹점 간 갈등을 관리하는 것도 힘겹다. 이해관계는 복잡하다. 본사와 가맹점 간 원가 분담률 배분 문제, 가맹점 간 매출 편차 문제, 본사가 운영 중인 다른 브랜드와의 이익충돌 또는 경쟁 가능성 등으로 인해 갈등 발생은 불가피하다. 양측 모두에게 공정하고, 가맹점 간 형평에도 맞는 균질적 성장은 사실상 불가능하다.

그런 의미에서, 프랜차이즈 스타 백종원 더본코리아 대표는 대단하다. 창업 후 30년이 지났는데, 여전히 생존해 있다는 건 사실 기적에 가깝다. 단순히 생존한 정도가 아니라, 회사의 총자산과 매출액 등 외형적인 성장세와 현재 성업 중인 브랜드 수, 가맹점 증가세까지 고려하면, 타의 추종을 불허할 정도로 독보적이다.

얼마 전, 더본코리아가 증권거래소에 상장심사 예비 청구를 해서 화제였다. 치킨 프랜차이즈로 유명한 교촌에프앤비 이후 수년 만에 FNB(Food & Beverage) 회사가 기업공개의 문을 두드린다는 점에서, 그리고 불과 몇 개월 전 햄버거 프랜차이즈 회사 맘스터치가 자진해서 상장 폐지한 직후인 터라, 세간의 주목도는 더 높아졌다.

그런데 기업의 가치, 공모예정가, 주식발행 수와 같은 주식시장의 일반적인 궁금증보다는, 백종원 대표 개인에게 유독 관심이 쏠렸다. 당연했다. 사람들은 그가 곧 회사요, 회사가 곧 그라고 받아들이기 때문이다. 백종원 대표 개인이 보유 중인 기존 주식 매각은 없을 것이라는 발표가 있었기에, 그나마 그에 대한 비난은 덜한 편이다.

그러나 문제는 여지없이 발생했다. 연돈볼카츠 브랜드 가맹점주들의 집단 반발이 불거졌다. 기업상장은 본사와 대표를 비롯한 소수의 주주 배만 불리는 일이니, 그보다는 본사를 믿고 수천만원, 수억 원을 투자한 가맹점과의 동반성장에 더 집중해 달라는 목소리가 터져 나온 것이다. 가맹점을 모집할 때는, 월매출 얼마에 월수익 얼마 정도 예상된다고 홍보했는데, 실제로 가게를 열어 보니, 점주는 기대 이하의 매출로 힘에 겨운데 담당자는 이제 와 말을 바꾸는 것 같고, 본사는 꿈에 부풀어 상장에만 신경 쓰는 듯하니, 볼멘소리가 나오지 않는 것도 이상하다.

장사가 잘되고 못되는 것을 누가 정확히 예측할 수 있겠냐마는,

불특정 다수를 대상으로 회사를 홍보해서 막대한 투자금을 유치하려는 노력에 앞서, 이미 한 가족이라고 할 수도 있는 가맹점과의 상생 경영을 위한 노력이 필요하다는 주장이 전부 틀린 것은 아니다. 잘되면 내 탓, 잘못되면 네 탓이라는 주장은 억지지만, 매출 하락으로 인한 폐업은 본사, 가맹점, 물류회사, 가게를 찾는 단골손님까지 누구에게도 좋지 않은 일이다. 폐업률이 높아지면 사회 전체의 활력과 후생도 감소한다.

가장 큰 논쟁거리는 백종원이라는 프랜차이즈 스타, 그 자체다. 그는 방송인이자, 요리연구가이자, 골목상권의 수호자이자, 전통시장 부활의 구세주라고까지 불리는 공인임과 동시에, 30년 차 사업가이기도 하다. 본인이 의도했건, 의도하지 않았건 간에 오랜 시간 그는 공익과 사익 추구 사이에서 위태로운 줄타기를 하는 것인지도 모른다. 회사가 상장에 성공한다고 해도, 업종 특성상 치킨게임이 지속될 가능성이 크다. 수많은 프랜차이즈 회사와 먹거리 시장을 두고 경쟁할 것이 뻔하기 때문이다. 운이 좋으면 K-Food라는 타이틀을 얻어 식음료 제품이나 특정 브랜드를 수출할 가능성도 있지만, 그건 먼 미래의 가능성일 뿐이다. 내수시장에서 정해진 파이를 두고, 단지 백종원보다 조금 덜 유명한 동 업계 CEO들과 먹고 먹히는 싸움을 할 것은 기정사실이다. 영원한 승자는 없다. 프랜차이즈 스타도 뜨고, 진다.

프랜차이즈 스타가 프랜차이즈 기업의 미래 성장 가능성을 가로막는 것은 아닐지 고민해 볼 대목이다. 한 명의 스타에 대한 지나

친 의존도, 높은 기대감은 오히려 실망감을 키울 수 있다. 늦은 감이 없진 않지만 사회적 영향력을 가진 공인으로서, 그가 숙고의 시간을 가져보면 좋겠다.

2005년, 이승철은 〈열을 세어 보아요〉를 발표했다. 이 노래는 데뷔 20주년 기념 앨범 《A Walk to Remember》의 대표곡이다. 그의 대표 히트곡 중 하나인 〈그런 사람 또 없습니다〉, 그리고 'SG 워너비'의 수많은 히트곡을 창작한 조영수가 작곡과 편곡을 맡았다. 참고로, 이 노래는 와인(Wine) 애호가로 유명한 이승철이 화이트 와인을 한잔 마신 후 녹음한 곡이기도 하다.

잔잔한 멜로디와 감성을 터치하는 편곡이 인상적이다. 개인적으로 이승철의 미성과 감성 짙은 보컬 능력이 최고로 빛을 발한 곡이라고 생각한다. 가사는 이별하고서야 알게 된 떠나간 연인에 대한 그리움을 담고 있다. "열을 세어 보고 난 후에 뒤를 돌아봤을 때, 어디에선가 버릇처럼 그대가 날 부를 것만 같아서 한 걸음조차 뗄 수 없다"는 노랫말이 인상적이다. 노래가 대중적으로 크게 알려진 건 아니다. 그러나 〈열을 세어 보아요〉가 그가 심도 있게 준비한 20주년 기념 앨범의 대표곡이고, 아름다운 선율과 절정의 가창력, 그리고 특별한 가사가 어우러진 좋은 음악이라는 점은 분명하다.

이 앨범을 발표할 무렵, 이승철은 《쿠킹 콘서트》라는 요리책도 출간했다. 그의 요리에 대한 깊은 애정과 특별한 관심이 한 권의 책에 담겨 있다. 타고난 노래꾼인 그가 골프, 스키, 와인, 거기에 요리까지 수준급이라니, 그의 바지런함이 새삼 대단스레 느껴진다. 깡

통 로봇이라는 별명이 제격이다. 그는 책에서 전통 한식은 물론, 특별한 날의 양식 코스와 퓨전 스타일의 파티 안주까지, 자신만의 맛내기 비결로 완성한 80여 가지의 메뉴를 소개한다. 기쁨, 열정, 사랑, 여유, 즐거움 등의 주제로 일상의 행복과 어우러진 다양한 요리들을 선보인다. 요리법은 누구나 쉽게 따라 할 수 있을 정도로 쉽고 간편하다. 요리 소개와 함께 적은 짧고 깊이 있는 글은 보너스다.

그의 책도 잘 알려지지 않았다. 이승철도, 그리고 천하의 백종원도 뜻하는 바를 모두 성취하지는 못한다. 스타가 심혈을 기울여 발표한 음악 한 곡, 책 한 권도 성공을 보증하기 어려울진대, 사업은 오죽하겠는가. 대중의 입맛은 시시때때로 변한다. 버킷리스트(소망 목록)를 이루기 위해 음원을 내고, 책을 쓰고, 바리스타 자격증을 딸 수는 있지만, 카페를 차리는 일은 차원이 다르다. 남들 출근한 시간에 홀로 카페에 앉아 흘러나오는 음악에 몸을 맡기고, 책한 권 읽으면서, 고급 원두커피 한잔 여유롭게 마시는 상상은, 그곳의 손님일 때나 실현할 수 있는 낭만이다.

책 제목처럼 요리로 콘서트를 하려면, 많은 연습과 준비가 필요하다. 보컬, 기타, 베이스, 드럼, 피아노, 코러스, 조명, 음향, 댄서, 누구 하나라도 삐끗하면, 그날 공연이 〈마지막 콘서트〉가 될 수 있다. 프랜차이즈 사업도 마찬가지다. 본사의 백종원 대표님과 가맹점 김철수 사장님 간의 조화, 믿음, 그리고 양보와 타협이 필수적이다. 〈열을 세어 보아요〉의 노랫말처럼, 서두르지 말고, 차분히 숫자도 세어 보고, 때로는 뒤로 걷는 연습도 해야 한다. 욕심을 내려 놓고, 한 걸음 물러설 때 떠나간 연인이 돌아올 수 있다. 행여 되돌 아오지 않더라도, 미움의 자리에는 그리움이 남을 것이다.

실수를 인정해야
다음이 있다

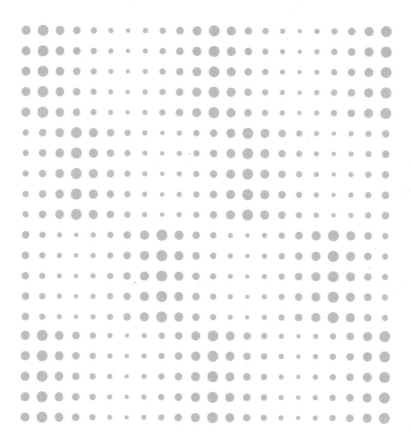

소리쳐 (2006)

2006년 발매된 이승철 8집 정규 앨범 《Reflection of Sound》의 타이틀곡. 당시 이승철이 직접 발굴한 신예 작곡가 홍진영이 작사·작곡을 맡았으나, 발매 이후 Gareth Gates의 〈Listen to My Heart〉과 표절 의혹이 일었다. 당시 원작자인 John Reid, Jorgen Elofsson로부터 표절은 아닌 것 같다는 답변을 들었음에도 이승철은 곡의 저작권을 원작자들에게 양도했다.

오랜만에 선배를 만났다. 대학 졸업 후 무려 20년 만이다. 그는 20년 경력의 베테랑 아나운서다. 간판 아나운서 소리도 듣는다. 지금은 주요 시간대 시사 프로그램 사회자로 명성을 떨치는 중이다. 이 정도면 영락없는 성공한 셀럽이다. 해당 프로그램의 유튜브 구독자 수는 수십만 명을 훌쩍 넘는다. 그와는 달리, 나는 그가 익숙하다. 보이는 라디오를 통해 매일 그를 보고, 듣기 때문이다.

비디오가 라디오 스타를 죽였다는 노래(Video killed the Radio Star)가 유행가였던 적도 있지만, 기술은 진보했고, 결국 둘 사이 멋진 협업이 가능한 세상이 도래했다. 지금은 (보이는) 라디오 시대다. 정계, 재계, 문화계 유력 인사들과 유명인들이 출연해서 그와 이야기를 나눈다. 중후하고 믿음직한 목소리, 정갈한 옷매무새, 소탈한 웃음소리, 경청의 자세는 그의 상징이다. 그렇다 보니, 좌파든 우파든, 부자든 빈자든, 그를 찾아 이야기하고 싶어 하고, 종종 남들에게는 말 못 할 이야기까지 허심탄회하게 꺼낸다. 프로그램의 화제성, 공정성, 신뢰성이 연일 높아지는 건 상당 부분 그의 공(功)이다. 20년 차 베테랑의 품위(品位)와 품격(品格)이 쌓아 올린 성취다.

선배는 스펙도 화려하다. 그는 명문대를 졸업하고, 선망의 '대상'인 방송국 아나운서라는 꿈을 이루었다. 이후 뛰어난 능력을 인정받아 아나운서 '대상'도 수상했고, 하버드로 유학을 다녀오기까지 했다. 이 정도면 성공한 사람의 표본이라 보아도 무방하다. 어깨에 힘이 잔뜩 들어갈 법도 한데, 그는 겸손하기까지 하다. 실력과 인성, 거기에 이름값까지 겸비하고 있으니, 주변에서 그를 가만히 놔둘 리가 없다. 특히, 정계에서 그를 향한 러브콜이 끊이지 않는 모양이다. 주변을 둘러봐도 그만한 대변인, 메시지 전달자는 찾아보기 힘들다. 여의도, 용산의 구애는 어쩌면 당연한 일이다.

그도 사람이기에, 흔들리지 않았다면 거짓말일 테다. 그러나 결국 그는 모든 유혹의 손길을 거부했다. 한 치 앞을 내다보기 어려운 세상이다. 미래에는 그가 다른 선택을 할지도 모를 일이지만, 오래된 후배인 나에게까지 선배가 속내를 감출 필요는 없을 터다. 김치찌개와 계란말이, 그리고 소주 한 잔이면 오랜 벗 둘이 허심탄회한 대화를 나누기에 더할 나위 없는 조건이다. 보이는 라디오와는 달리, 마이크도, 카메라도, 출연자도 없으니, 우리 사이에 말 못 할 〈비밀〉은 없다.

선배는 본인을 온실 속 화초, 우물 안 개구리에 비유했다. 세 평 남짓한 스튜디오 안에서 정치인들과 주고받는 말의 향연이 세상살이의 전부가 아님을 안다는 〈나의 고백〉에 다름 아니었다. 일찍이 한국 정치의 풍운아 김종필(JP)은 정치는 허업(虛業)이라고 일갈한 바 있다. 좋은 대학 나오고, 좋은 직장 다니고, 많은 월급 받고, 성공했다고 자부하는 사람들 위주로 만나면서 20년을 보내고 있기에, 아무래도 세상 보는 눈이 왜곡되거나 편협할 수 있다는 자기 객관화였다.

겉모습이 화려해 보일지언정, 그가 왜 힘든 세상사를 모르겠는가. 스무 살, 시골에서 상경한 가난한 고학생 시절 선배 모습을 나는 분명히 기억한다. 지금의 자리에 오르기까지 그가 얼마나 치열하게 노력했는지도 어렴풋이나마 안다. 직장인 수입이란 것도 다 거기서 거기다. 잘 알면서도 모른다고 고백하는 그를 보고 있자니, 한편으로는 한국 정치의 개혁과 발전을 위해서라도 그가 필요하다는 생각마저 든다. 지도자에게 필요한 건 지식이 아닌 지혜, 선민의식이 아닌 겸손함이다.

한때 인생의 대전환, 과감한 도전을 심각하게 고민하던 20년 차 회사원의 선택지는 그러나 다시 직장이다. 제자리를 찾은 그는 이제야 마음이 편안하단다. 그렇다고 그가 지금의 자리에 안주하겠다는 뜻은 아니다. 이곳이야말로 제 능력을 가장 발휘하기 좋은 곳, 발전할 수 있는 곳, 정상 등반이 얼마 남지 않은 산이기도 하다. 작은 봉우리를 오르는 경험이 쌓여야 더 높은 산도 오를 수 있다.

그는 이제 최고의 사회자, 존경받는 선배, 후배들의 길라잡이, 그리고 방송국 CEO를 꿈꾼다. 숱한 외부의 유혹, 오랜 직장 생활로 말미암은 권태로움을 이겨낸 후 새로이 꾸는 꿈이기에, 그는 기꺼이 과정의 고통을 감내할 자신이 있다. 그의 시계추는 이제 권태에서 고통의 방향으로 흐를 예정이다. 길지 않은 〈방황〉을 끝내고, 제자리를 찾은 선배의 앞날을 응원한다. 먼 훗날 언젠가, 보이는 라디오를 진행하는 CEO를 보는 날이 오기를 바란다. 그날이 오더라도, 우리의 축하 회동은 김치찌개와 계란말이, 그리고 소주 한 잔이면 충분하다.

2006년, 이승철은 8집 앨범 《Reflection of Sound》를 발표했다. 이 앨범은 그의 군더더기 없는 절제된 보컬과 완벽한 연주, 음향으로 음악인들과 평론가들에게 역시 이승철이라는 찬사를 받았다. 신인 작곡가 홍진영이 작사, 작곡한 타이틀 〈소리쳐〉는 상업적으로 크게 성공했다.

노래의 가사와 멜로디는 단순하고, 반복적이다. 후렴구의 "가지 말라고 소리쳐, 돌아오라고 소리쳐, 사랑한다고, 사랑한다고, 사랑한다고, 소리쳐" 부분이 특히나 인상적이다. 오직 나만 부를 수 있는 노래, 나의 실력을 뽐내기 위한 노래에서 벗어나, 누구든 흥얼거리면서 따라 부를 수 있는 곡이기에 가능한 성취였다.

많은 사람이 마흔 살 보컬리스트 이승철의 가창력을 최고로 꼽는데, 나도 동의한다. 그 시기에 음악 평론가, 기자들을 대상으로 진행된 몇 차례의 설문조사에서 그는 우리나라 최고 가창력의 가수 순위 1~2위에 연이어 이름을 올리는 기염을 토했다. 힘을 빼고, 쉽고 편하게 노래한 것이 주효한 셈이다. 지나침보다는 차라리 모자람이 낫다. 삼류는 가수만 노래에 취하고, 이류는 가수와 청자 모두 노래에 취하고, 일류는 청자만 노래에 취한다고 그가 말했다. 음악(音樂)은 음학(音學)이 아님을 깨닫고 난 후에야 그는 편하게 노래하는 일류로 진화했다. 당시 이승철은 인생 반려자를 만나 결혼까지 성공했으니, 〈소리쳐〉는 어쩌면 그의 인생 노래인지도 모른다.

이승철은 가수 박정아가 진행하는 라디오 방송 《별이 빛나는 밤에》에 출연했다. 그때는 보이는 라디오 초창기였다. 세상이 제아무리 투명해진대도, 라디오만큼은 〈보이지 않는 사랑〉일 때 제빛을 발한다고 믿어 의심치 않았는데, 꼭 그런 것만은 아니었다. 청각을 자극하는 들리는 라디오 시대에서 시각과 청각, 오감을 모두 자극하고, 실시간 청취자와의 감정 교류까지 가능한 보이는 라디오 시대로의 전환은 어쩌면 축복이다. 손 닿을 수 없는 저기 어딘가에서 홀로 빛을 내고 있을 법한 별과의 거리도 한층 가깝게 느껴진다. 별이 빛나는 밤에도 보이는 사랑이 가능하니, 보이는 라디오를 거리낄 이유는 없다.

그가 별밤에 출연하는 날, 나도 그 자리에 있었다. 손 닿을 수 있는 거리의 별과 마주 앉아서 보고, 듣고, 교감했다. 그가 세 평 남짓한 스튜디오 공간에서 피아노 연주에 맞춰 정성스럽게 부른 〈소리쳐〉를 들었던 기억은 여전히 선명하다. 방송을 준비하다가도, 엘리베이터를 기다리다가도, 쉴 틈 없이 허밍을 하고, 휘파람 불고, 노래를 흥얼거리던 그는, 노래하기 위해 태어난 사람임이 분명했다. 별밤지기도, 그날의 초대 손님 양동근도, 방청객도, 청취자도, PD도, 작가도, 집에서 PC 모니터를 통해 이 광경을 모두 지켜보고 있던 나의 아내도, 그 순간만큼은 일류 가수의 절창에 빠져들었다. 5만 명이 운집한 잠실 종합운동장의 25주년 기념 콘서트 때와는 또 다른 감동이었다. 보이는 라디오의 힘은 특별했다.

그러나 〈소리쳐〉는 그에게 기회이자 위기였다. 숱한 위기를 극복해 낸 그였기에 앞으로의 인생은 전화위복(轉禍爲福)인 줄로만 알았는데, 오히려 전복위화(轉福爲禍)였다. 즐거운 일이 다하니, 여지없이 슬픈 일이 찾아왔다. 〈소리쳐〉가 표절 논란에 휘말린 것이다. 노래가 발표되자, Gareth Gates의 〈Listen to My Heart〉와 후렴구가 비슷하다는 항의가 빗발쳤다. 노래가 알려질수록 비판의 수위도 덩달아 높아졌다. 직접 선율을 짓지 않더라도, 가수는 음악의 전반적인 책임을 지는 주인공으로 인식된다. 대중은 곡을 만든 작곡가가 아닌, 곡을 부른 가수를 기억한다. 더구나, 이 노래의 작곡가는 그가 직접 발굴한 신예이기도 했다.

결국, 혼신을 기울여 만들었을 곡의 저작권을 〈Listen to My Heart〉 작곡가에게 양도했다. 원작자로부터 표절은 아닌 것 같다는 답변을 들었음에도, 변명과 해명보다는 정공법을 택한 것이다. 20년 가수 생활 전체를 부정당한 것 같아 심각하게 은퇴를 고려할 정도로, 그도 상처받았지만, 책임을 피하지는 않았다. 일리 있는 비판은 달게 수용하고, 스스로 극복하는 수밖에 없다. 모름지기 베테랑 가수라면, 노래가 쌓일수록 곡을 만든 작곡가의 음악을 더 예민하게 비교하고 걸러 들어야 할 책임으로부터도 자유로울 수 없다.

연차와 경력이 쌓이다 보면, 억울한 일도 겪기 마련이다. 그러나 리더, 책임자라는 지위는 그냥 주어지는 훈장이 아니다. 품위(品位)와 품격(品格)을 보유한 베테랑에게 책임지는 자세는 필수다. 더구나, 나와 내 주변인의 관계에서 비롯된 일이라면, 공(功)도 과(過)도 나의 것이다. 나와 관련 없는 결과는 없다. 사람은 누구나 실수한다. 중요한 건 실수 이후의 자세다. 잘못을 인정해야 다음이 있다.

풍파를 겪은 〈소리쳐〉는 더 이상 방송과 라디오에서 듣기 어려운 노래가 됐다. 그러나 가수와 작곡가는 짧은 〈방황〉을 마치고, 제자리를 찾았다. 가수는 데뷔 40주년을 목전에 둔 전설임에도, 때마다 정기 콘서트와 새 노래 발표를 하고, 보이는 라디오 출연에도 진심인 현역으로 활동 중이다. 작곡가는 〈그 사람〉, 〈잊었니〉, 〈아마추어〉, 〈사랑 참 어렵다〉 등 주옥같은 노래들을 만들어 실추된 명예를 회복했다. 이문세와 임영웅이 부른 명곡 〈사랑은 늘 도망가〉, SG워너비의 〈그대를 사랑합니다〉 역시 그의 작품이다. 심지어, 음악저작권협회장도 역임했다.

혹자는 여전히 그의 책임과 도덕성을 논한다. 정답은 없다. 완벽한 사람도 없다. 달리 보면, 〈소리쳐〉 표절 논란과 수습 과정은 복잡하고 어려운 문제를 슬기롭게 극복한 대표적 사례라고도 볼 수 있다. 노래로 인생을 배웠으니, 어떤 의미에서든 〈소리쳐〉는 그의 인생 노래임이 분명하다. 과거에 집착하면, 미래는 없다. 위기 다음은 기회다. 사는 한, 실수와 방황은 불가피하다. 아나운서도, 가수도, 작곡가도 모두 그러했다. 그러니, 너무 걱정할 필요는 없다. 무슨 일을 겪든 시간을 두고 마음을 다잡은 후, 이내 제자리만 찾으면 된다.

종교와 정파를 넘어

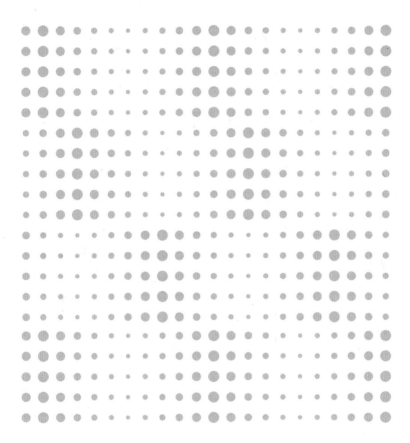

그런 사람 또 없습니다 (2009)

2009년에 개봉한 영화 《슬픔보다 더 슬픈 이야기》의 OST 중 하나. 이승철은 이 곡의 감성을 잡기 위해 영화의 시나리오와 소설을 모두 읽고, 5일간 녹음을 이어 갔다고 한다. 그 덕분인지 소중한 사람에게 전하는 감사와 사랑이 절제된 감정으로 잘 표현된 곡으로 호평을 받았다.

종교와의 〈인연〉은 중학교 시절로 거슬러 올라간다. 교회 재단에서 설립한 미션스쿨을 다녔다. 스스로 원했던 건 아니다. 일명 뺑뺑이 돌려서 나오는 대로 진학하는 거였는데, 하필 집에서 가장 먼기독교 학교에 배정됐다. 매주 1회씩 성경 수업을 받았다. 강당에서 모일 때마다 교회 장로이기도 한 선생님들의 설교를 듣고, 찬송가도 불렀다. 학생에게 선택권은 없었다. 헌법에도 보장된 종교의자유가 박탈된 셈이다. 스스로 원하든, 원치 않든 간에 까까머리 중학생들은 기꺼이 성경 말씀에 귀 기울이며 3년을 보냈다. 그래도주일 예배에 나가지 않아도 죄짓는 기분이 들지는 않았다.

그런데 누구 하나 수업 거부권을 행사하지 않았던 걸 보면, 90년대 초반까지 이어진 군사정권의 몰(沒)개성주의, 획일주의, 집단주의 문화가 부지불식간 10대 중반 사내들의 머릿속 깊이 자리 잡고 있었던 것 같다. 우리들의 일그러진 영웅은 그저 영화 속에만 존재했다. 감히 선생님이 낭독하시는 성경 말씀에 토를 다는 건 상상할 수도 없는 일이었다. 물론 그렇게 교육받았다 하더라도, 비판을허용하지 않는 주입식 교육이 신실한 기독교인 양성에 통계적으로유의미한 영향력을 미쳤을 리는 없지만 말이다.

불교와의 〈인연〉은 대학 시절에 시작됐다. 할머니는 신실한 불교 신자였다. 법당에 손주들의 이름을 올려 두고, 우리의 극락왕생(極樂往生)을 비셨다. 모르긴 해도, 큰 손자인 나의 절 등값은 동생들 대비 몇 곱절은 더 비쌌을 거다. 그 무렵 나는 할머니의 소개로어느 승려(비구니)를 알게 됐고, 충청도의 이름 모를 절에 들어가 6

개월을 보냈다. 덧없는 속세를 저버리겠다며 느닷없이 불교로의 귀의를 결심한 건 아니었다. 아버지의 기대를 못 이기는 척, 행정고시에 도전해 보겠다는 호기로움 때문이었다. 돌이켜 보면, 6개월짜리 템플 스테이(Temple Stay), 그 이상도 이하도 아니었다.

반야심경은 머리에 남지 않았지만, 한동안 나를 괴롭히던 두통은 말끔하게 나았으니, 소득이 없었던 건 아니다. 행정고시를 왜 고등(高等) 고시라고 하는지, 왜 과거급제(科擧及第)라고 부르는지 알게 된 것도 소득이라면 소득이다. (고위) 공무원, 종교인은 나 같은 죄인이 감히 마음에 품을 수 있는 직업이 아니라는 점도 명확해졌다.

사실, 천주교와의 〈인연〉이 가장 깊다. 모태신앙인 아내와 결혼하기 위해 꽤 오랜 시간을 성당에 다녔고, 세례까지 받았기 때문이다. 심지어 결혼식도 성당에서 올렸다. 필명인 요세프의 어원도 실은 세례명 요셉에서 비롯된 것이다. 성령으로 잉태된 아이, 예수 그리스도의 아버지 그 요셉 맞다. 어쩌면, 내 삶이 버겁다고 느껴지는 데는 세례명도 일정 지분이 있을 것이다. 그래도 이름의 무게감 때문인지, 언제부턴가 속세의 죄는 덜 짓고 살아야겠다는 마음이 생긴 걸 보면, 꼭 나쁜 것만은 아니다.

그러나 나의 인생에 가장 큰 영향을 주는 책을 꼽으라면, 성경이라고 대답하기는 어렵다. 이스라엘과 팔레스타인 간 다툼이 한창인 지금은 오히려 종교에 대해 더 회의적이다. 기약 없는 냉담자라고나 할까. 고백하자면, 지금의 나는 유발 하라리의 《사피엔스》,

버트런드 러셀의 《나는 왜 기독교인이 아닌가》의 영향력 아래 사는 중이다. 이것도 현재의 생각이지, 영원한 신념이라고 말할 수는 없다. 종교와 현실 사이 수많은 모순과 갈등에도 불구하고, 여전히 종교의 영향력은 줄어들지 않고 있고, 우리는 모두 도무지 해결할 수 없는 문제를 끌어안고 살며, 결국엔 구원받기를 원하기 때문이다. 나는 금세 타버리는 심지를 가진, 하루에도 열두 번씩 마음이 바뀌는 미약한 미물(微物)에 불과하다.

젊은 시절 이승철은 불자(佛子)였다. 보시(報施), 즉 세상에 베푸는 마음으로 노래한다고 인터뷰할 정도로 그는 이름난 불교 신자였다. 그랬던 그도, 지금의 아내와 결혼하고 나서는 한동안 성당에 다니다가, 지금은 개신교로 개종했다. 2013년 발표한 〈My Love〉 앨범에 CCM 곡〈소원〉까지 실은 걸 보면, 이제 독실한 크리스천이라고 보아도 무방할 것 같다.

교회 오빠 이승철은 유독 선한 영향력을 중시한다. 그는 콘서트 수익금 중 상당액을 전 세계 최빈국 중 하나인 아프리카 차드에 우물 파기, 학교 짓기 사업에 쾌척했다. 단발성 프로젝트에 그친 것도 아니다. 직접 현지 봉사도 가고, 아픈 아이들을 우리나라에 초대해 병원 치료까지 후원한 걸 보면, 그의 진정성을 의심할 여지는 없다. 그가 탈북 청소년들과 독도에서, 그리고 UN 본회의장에서 한반도의 통일을 기원하며 〈그날에〉를 목청 높여 부르는 모습을 지켜본 후에는 이기적 냉담자로 살아가는 나를 반성하기도 한다. 교인, 불자, 무신론자를 막론하고 어려운 이웃 돕는 이를 욕할 자는 없다.

전도(傳道)는 설교보다 실천이 최고다.

1985년, 이승철 데뷔 당시 이미 팝의 황제였던 마이클 잭슨은 〈We are the World〉를 발표했다. 대기근에 시달리는 아프리카를 돕자는 취지에서 만든 곡이다. 이 프로젝트에는 스티비 원더, 티나 터너, 레이 찰스, 빌리 조엘, 브루스 스프링스턴, 밥 딜런 등 당대의 톱스타들이 참여했다. 취지도 좋지만, 아무래도 마이클 잭슨 이름값이 컸으리라. 앨범은 무려 2,000만 장이나 팔렸고, 그는 앨범 수익금 전액을 기부했다.

1992년, 마이클 잭슨은 〈We are the World〉의 솔로 버전 격이라 할 수 있는 〈Heal the World〉를 발표했다. 이 곡은 본인이 직접 작사, 작곡했다. 반전(反戰)과 더 나은 세상을 희망하는 이 노래도 크게 성공했고, 그의 선한 영향력은 정점을 찍었다. 이런 실행력이야말로 (성서) 활자 밖으로 뛰쳐나와 살아 움직이는 기독교(청교도) 정신 아닐까 싶다. 물론, 선의가 성과를 보장하는 건 아니다. 마이클 잭슨도 〈Heal the World〉 발표 이후 본인 의도와는 달리, 숱한 추문으로 죽을 때까지 마음고생했으니, 일의 결과는 어쩌면 하늘의 몫인지도 모른다.

1997년, 이승철은 IMF 국난 극복을 위해 당대 최고의 가수들이 참여한 프로젝트 송 〈하나 되어〉의 마지막을 장식했다. 2015년에는 광복 70주년 기념 통일 희망곡 〈우리 만나는 날〉을 직접 제작하기도 했다. 이 프로젝트에는 인순이, 조영남, 김범수, 김태우, 씨스타, 유희열 등 30여 명의 국내 정상급 음악인들이 참여해 곡의 취지에 힘을 실어줬다.

그러나 곡의 파급력이나 영향력을 놓고 보면 2009년 발표한 〈그런 사람 또 없습니다〉를 능가할 만한 노래는 아직 나오지 않았다. 원래 이 노래는 권상우와 이보영이 주연한 영화 《슬픔보다 더 슬픈 이야기》의 주제가(OST)로 세상 빛을 보았다. 이승철 본인이 영화 속 가수로 직접 특별 출연할 정도로 애정을 쏟았으나, 영화는 흥행하지 못했다.

그런데 뜻밖의 곳에서 노래가 울려 퍼졌다. 2009년 서거한 노무현 전 대통령의 추모곡으로 쓰이면서부터다. 이 노래가 유튜브와 각종 SNS를 통해 노무현 대통령 추모 영상에 배경음악으로 사용되면서 자연스럽게 퍼져나간 것이다. 2018년, 봉하마을에서 엄수된 서거 9주기 추도식에 그가 직접 참여해 공연까지 했으니, 자칫 이 노래는 노무현(진보 진영)만을 위한 노래로 소비될 우려도 있었다. 그러나 누구를 따로 지칭하지 않았던 이 곡의 노랫말은 진영(陣營)이나 정파(政派) 따위를 뛰어넘었다. 사람이라면 누구나 평생 그리워하고, 참 고마운 사람 한 명 정도는 가슴에 품고 살기 때문이다.

2021년 대선후보 시절의 윤석열 대통령도 이 노래를 불렀다. 보수진영 대표임에도 거리낌 없이 목청껏 열창했다. 심지어 노무현 전 대통령에 대한 추모 메시지를 남기면서까지 말이다. 예능 프로그램에 출연한 대통령 후보가, 편한 옷차림으로 노래방 기계에 맞추어 목 놓아 외침으로써, 혹여 이 노래가 한쪽 진영의 전유물로 여겨질 가능성을 차단해 버린 셈이다.

노래는 종교와 정파를 초월(超越)한다. 직설적인 가사와 메시지로 우리 편을 하나로 규합할 수는 있지만, 그건 아무래도 반쪽짜리다. 찬송가도, 믿음과 소망과 사랑 중에 제일은 사랑이라고 노래하면, 종교적 저항이 덜할 것이다. 어린이를 돕고, 전쟁으로 병든 세상을 치유하자는 내용의 팝송을 반대할 사람도 없을 것이다. 감히 판단컨대, 개인의 정치적 신념이 종교관보다 강하지는 않을 터다. 군사정권 내지는 인권이 유린된 독재 정부가 아니고서는 말이다. 사는 동안 절대불변일 것 같은 종교도 심심찮게 바뀐다. 공산주의를 비롯한 정치적 극단주의가 설 여지는 없다. 호기심에 사상의 변이가 종종 출현하더라도, 이내 사라지게 마련이다. 누가 뭐래도, 이 땅에는 집단지성과 상식이 살아 있기 때문이다. 유독 정치의 계절은 빨리 돌아온다. 비호감 대결, 최악 대 차악, 정치는 4류 따위의 구태의연함, 나는 정의 너는 불의라는 몰상식적 이분법이 사라지길 바라지만, 아직 요원한 것 같다. 이럴 때일수록 가치관, 이념과는 한 발 치 떨어진 보편성이 더 그리워진다.

사랑, 이별, 기쁨, 슬픔을 노래하는 통속가요가 계속 불리는 데는 그만한 이유가 있다. 수준 낮은 유행가라고 폄훼하다간 큰코다친다. 대통령이 되려는 자, 〈그런 사람 또 없습니다〉를 불러야 하는 시대다. 단, 우리가 듣고 싶은 건, 노래 부르는 이 혼자 취해 고음만 뿜내는 엘리트의 노래자랑이 아니다. "천 번이고 다시 태어난대도 나의 심장쯤이야 얼마든 내어줄 수 있는 단 하나의 사랑"이라는 노랫말에 오롯이 집중하는 가수의 절창(絶唱), 그리고 진정성이다. 어쩌면, 이 노래는 종교와 정파에 한계를 두지 않고 살아가는 그에게 주어진 운명일지도 모른다. 그의 이름값, 선한 영향력을 다시 기대하게 되는 이유다.

4장
너무
늦은
시작이란
없다

2011

2024

꿈꾸는 리얼리스트

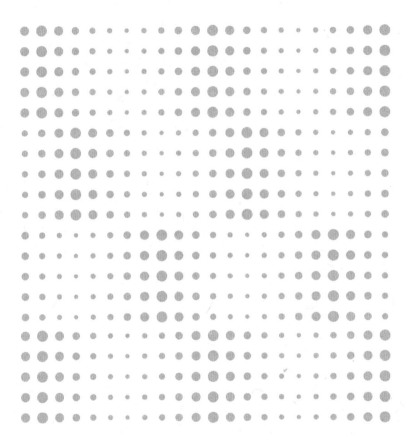

말리꽃 (2012)

〈말리꽃〉은 이승철의 앨범에 3차례 수록되었다. 최초에는 2000년 영화 《비천무》 OST 앨범에 실렸으며, 2001년 발매된 6.5집 《Confession》의 CD2 8번 트랙으로도 수록되었고, 이후 2016년에 라이브 앨범 《The Best Live / World Tour》의 9번 트랙에도 포함되었다. 2012년에는 이승철이 심사위원으로 참여한 《슈퍼스타K》에서 홍대광과 연규성이 함께 부른 버전이 《IT's TOP 12》 앨범에 수록되었다.

〈서른 즈음에〉 난 이미 남편이자 아빠였다. 회사에 입사한 지도 4년 차, 가장 보통의 존재로 안착 중이었다. 그러나 여전히 철들지는 않았다. 가족에 대한 경제적 부양의무까지 소홀히 할 순 없었지만, 내심 난 다른 직장인들과 다르게 살고 싶다는 생각을 유지하며 일탈을 꿈꾼 것만은 사실이다. 아빠는 처음이었던지라, 갓난아기를 키우는 일이 얼마나 고되고 힘든지를 잘 몰랐을뿐더러, 애써 〈외면〉했던 시절이다. 문제는 아내도 엄마가 처음이었다는 점이다. 한 아이를 키우려면 온 마을이 도와야 한다는 말도 있는데, 밤낮없이 고군분투하는 아내를 두고, 밖으로 나도는 남편을 보는 그녀의 심정이 오죽했으랴.

꿈꾸는 리얼리스트라는 멋진 용어가 현실을 외면한 채 두루뭉술한 꿈만 좇으라는 뜻은 아닐진대, 그 시절의 나는 허울 좋은 몽상가에 불과했다. 기왕 꿈을 꾼다면, 가급적 구체적으로 목표를 세우고 작은 성취라도 꾸준히 내어야 한다. 하는 둥 마는 둥 하다 중간에 그만두고, 다시 리얼리스트로 돌아가 그래도 시도는 해봤으니 됐다고 자위하는 건 비겁한 자기변명이자, 인지부조화에 불과하다. 서른의 내가 그랬다.

연규성이라는 사람을 만난 건 그즈음이다. 그는 무명 가수였지만, 알 만한 사람들은 아는, 이른바 재야의 고수였다. 2000년대 초반 록(Rock)타운이라는 온라인 커뮤니티에서만큼은 그는 이미 스타였다. 워낙 고음 발성이 좋아 국내외 록 보컬리스트들이 부른 명곡들을 무리 없이 소화했기 때문이다. 그중 하나가 〈말리꽃〉이다.

어느 날 그가 홈페이지에 올린 보컬 수업 공고문을 보자마자, 이메일을 보냈다. "사실, 난 당신의 고향 선배이고, 초중고 중 하나는 같은 곳을 나왔고, 학부 시절 전공도 같고, 심지어 졸업한 대학마저 전통의 라이벌 관계이니, 우리의 만남은 필연"이라는 뭐 그런 유치한 내용이었다. 다행히, 그도 나에게 바로 답장했고, 나는 토요일 오후 그의 신촌 자취방으로 찾아갔다.

알고 보니 편지 쓰고, 레슨비 보내고, 직접 찾아간 건 내가 유일했다. 커뮤니티 안에서는 보고 싶다, 가르침 받고 싶다, 언제부터 시작하느냐 등 말들이 많았지만, 직접 실행한 사람이 나밖에 없었다는 점이 의아했다. 생각만 하기와 실천하기 사이의 간극(間隙)은 예나, 지금이나 참 크다. 그러나 호기로웠던 첫 다짐과는 달리, 나의 끈기와 열정은 한계가 명확했다. 순수한 취미로 즐기려는 것인지, 지금이라도 제대로 배우고 익혀서 직업으로 삼거나, 그게 아니면 인생 필살기로 발전시킬 계획인지 목적이 불분명한 상황에서는 그럴 만도 했다. 생생하게 꿈꾸지 않으면, 어떤 계획도 한낱 일장춘몽(一場春夢)에 불과하다.

그와 한두 번의 만남은 더 있었으나, 딱 거기까지였다. 그의 노래 실력에 감탄했고, 그가 부러웠다. 그러나 발성에 대한 기본기가 없다며, 그가 내게 건넨 조언을 기분 나쁘게 받아들인 순간부터, 노래에 나의 미래는 없었다. 한 달 치 선납한 비용도 아까운 줄 모르고, 그의 연락을 일부러 회피하던 서른의 내 모습이 떠오른다. 집밖에서라고 다를 게 없었다. 안에서 새는 바가지가 밖에서는 새지 않았으랴. 부끄러운 젊은 날의 자화상이다.

하지만 그는 나와 달랐다. 삶의 우열을 가릴 수는 없으나, 꿈을 이루기 위해 자리를 지키고, 우직하게 계속 밀어붙였다는 점에서, 그는 승자였다. 타고난 노래 실력 외에도, 연대 경영학과 졸업생이라는 번듯한 타이틀까지 확보한 그였기에, 모범 시민 트랙도 온전히 배제하기는 어려웠을 것이다. 그가 모 공기업에 공채직원으로 입사해 수년간 근무했던 건 분명 현실적인 고민의 결과였을 것이다.

그러나 공공기관 사무직 샐러리맨은 대체할 수 있는 인력들이 즐비하다. 뒤늦게나마, 그가 수많은 사람 중 하나(One of Them)가 되는 것을 중단하고, 누구와도 비교 불가한 음악인의 삶을 다시 선택한 것은 우리를 위해서도 잘된 일이다. 매월 똑같은 월급으로는 삶의 안정성이 보장될지언정, 인생을 바꾸기는 어렵다. 사직서를 제출한 그에게 직장 동료들은 안위를 걱정하는 말들을 내뱉었을 테지만, 사실 그들도 그를 놓아주는 것이 현명한 선택이었음을 잘 알고 있었을 것이다. 그의 실력과 열정이면 머지않아 빛을 발할 것이고, 그렇게 되면 그가 한때 몸담았던 회사도 잘 알려져 기관의 인지도와 가치가 더 높아질 테니 말이다.

그 후로 몇 년의 시간이 흘러 그는 《슈퍼스타K》에 출연했다. 물론, 심사위원이 아닌 경연자로서 말이다. 난 분명히 기억하고 있었다. 그의 꿈 중 하나가 자신의 우상 이승철 앞에서 노래 부르기였음을 말이다. 오래된 꿈을 이루고, 잘만 하면 거액의 상금에, 유명

가수로도 자리매김할 수 있는 일석삼조(一石三鳥)의 기회인데, 그
가 참가를 마다할 이유는 없었을 것이다. 그는 그렇게 롤모델(Role
Model) 앞에 섰다. 긴장한 표정이 역력했고, 목소리도 떨렸다. 그의
벅찬 감정은 화면을 뚫고 나에게까지 고스란히 전달됐다. 어쩌면,
사연을 알고 있던 나에게만 더 생생하게 전달된 것일 수도 있겠다.

당시 그의 나이는 서른 중반이었다. 참가자 중 최고 연장자라
는 방송 자막이 눈에 들어왔다. 그사이 회사에서 옴짝달싹할 수 없
을 정도의 고연차 조직원이 되어버린 나. 반면, 또래임에도 세상의
평가나 잣대 따위에 큰 흔들림 없이 버틴 끝에 새로운 시작점 앞에
선 그. 한동안 잊고 지냈던 우리 둘 사이의 차이가 다시금 환기되는
순간이었다. 여전히, 삶의 우열은 가릴 수 없을지언정 말이다.

연축성 발성장애라는 일종의 성대결절을 겪고 있던 그의 노래
는 완벽하지 않았다. 그의 목소리를 난생처음 들었을 심사위원 이
승철과 싸이의 귀에는 더욱 그러했을 것이다. 평소 같으면 컨디션
관리도 프로의 덕목 중 하나라며 탈락을 외쳤을 독설가 이승철도
웬일인지 그에게만은 예외였다. 부족한 가창력을 뛰어넘을 만한,
눈에 보이지 않고, 귀에 들리지 않아도 충분히 알 수 있을 법한 진
정성이 전달되었기 때문이리라.

이승철은 그를 부상당한 스트라이커에 비유했다. 이보다 적절
한 표현은 없을 것이다. 〈인연〉, 〈듣고 있나요〉, 〈말리꽃〉에 이르
기까지 원곡 가수 본인도 소화하기 힘든 곡들을 온전치 않은 목소
리로 완창해 내는 서른 중반의 생계형 가수에게 줄 수 있는 최고

의 찬사(讚辭)이기도 했다. 아쉽게도, 그는 중도 탈락했다. 그의 남다른 인생 서사도 서사지만, 경연은 또 다른 차원의 이야기이기 때문이다. 로이킴이라는 걸출한 싱어송라이터가 우승했으니, 결과에 토를 달기도 어렵다.

그러나 그가 부른 〈말리꽃〉은 10년도 더 지난 지금까지도 종종 언급되는 노래로 거듭났다. 수면 아래 잠겨 있던 재스민꽃 향기가, 예기치 못한 곳에서 예상치 못한 사람의 힘으로 다시 퍼진 것이다. 경연의 취지와는 별개로, 새로운 이야기가 펼쳐졌다. 〈말리꽃〉한 곡은 연규성이라는 가수의 지명도를 한껏 높여 그가 여태껏 노래로 밥 먹고 살 수 있는 디딤돌이 되었고, 대한민국에서 노래 좀 한다는 가수들의 필수 커버 곡이 되었으며, 이승철 데뷔 25주년 기념 콘서트 《오케스트 樂》의 백미(白眉)로 꼽히는 곡이자, 그의 대표곡 중 하나로 격상되었다. 이 정도면 더할 나위 없는 기적의 서사다.

〈말리꽃〉은 떠난 연인을 그리워하는 내용을 담은 슬픈 발라드다. 2001년 영화 《비천무》의 주제가(OST)로 세상에 처음 선보였으나, 발표 당시 반응은 미지근했다. 이승철의 오랜 팬들이야 익히 알고 있던 숨은 명곡이었으나, 노래에 숨결을 불어 넣은 것은 원곡자가 아닌 제삼의 인물이었다. 창작물이 세상에 발표된 이후라면, 그 운명은 함부로 단정 짓기 어렵다. 언제 기회가 올지 모르니, 꾸역꾸역 결과치를 내놓는 것이 중요하다.

스트라이커가 부상을 무릅쓰고 출전한 경기에서 감독과 코치의 우려를 불식시키는 골을 터뜨린 격이다. 자칫하면 목소리를 잃을 수도 있었던 그가 후유증에 대한 걱정은 제쳐 두고, 우승자가 될 확률은 0.1%도 되지 않는 노래 경연에 기꺼이 참여함으로써 뜻밖의 결과를 냈다. 좌고우면하지 않고 도전하였기에 이루어 낸 성취였으리라.

그러고 보니 〈말리꽃〉의 노랫말도 예사롭지 않다. "긴 한숨을 내쉬는 것조차 힘들고, 지쳐 쓰러지며 되돌아가는 내 삶이 초라해 보여도, 소중하게 남긴 꿈들을 껴안아 가려는" 의지를 담고 있다. 가수는 자기가 부른 노래 따라간다는 말이 완전 빈말은 아닌 듯하다. 〈말리꽃〉의 꽃말마저 순결한 마음, 진정성이다. 진심을 담아 꾸준히 시도하는 것이야말로 슈퍼스타가 되는 길 아닐까.

어느덧, 그와 나는 모두 아이 둘 키우는 중년의 가장이 되었다. 다행히, 소설가 박완서가 말한 것처럼 요즘의 나이는 신체 나이에 0.7을 곱한 결과치로 치환된다고 하니, 우리는 아직 어떤 도전이든 해 볼 만한 청춘이다. 생활이 버겁다는 핑계로 현실에 안주하려는 오늘, 꿈의 성취가 무엇인지를 몸소 보여준 옛 시절의 그가 떠올랐다. 그가 나를 기억한다면, 그때 환불받지 않은 레슨비는 소주 한 잔 값으로 남겨 둔 것이라고 전해주고 싶다. 행여 그가 나를 잊었을지언정, 나는 꿈꾸는 리얼리스트의 증거이자 여전한 청춘인 그를 응원한다.

프로는 없다

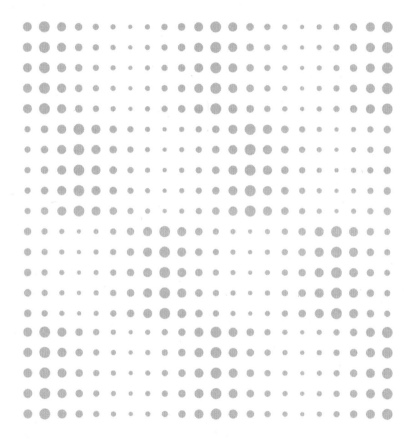

아마추어 (2012)

《슈퍼스타K 4》 개막식에서 최초 공개되었으며, 이승철 역시 "《슈퍼스타K》만을 생각하며 애정을 가득 담아 부른 노래"라고 밝혔다. 가사 역시 '힘들고 지친 상황에도 프로를 향해 도전하는 아마추어들의 오디션'이라는 《슈퍼스타K》의 콘셉트에 부합한다. 이후 《슈퍼스타K》 본방송에서도 엔딩에 이 노래를 삽입했다.

1월 말은 분주하다. 매년 그러하듯 인사이동과 신입 직원 배치가 있기 때문이다. 낯익음과 낯섦이 반반 섞여 있다. 지난 1년간 함께 일하던 직원 중 대략 반은 떠나고, 반은 새롭게 온다. 20년 이상 반복되는 연례행사지만 아직도 적응이 잘 안 된다. 헤어짐과 만남은 힘겨운 일이다. 프로는 실력과 성과로 말한다지만, 회사 생활이라는 게 칼로 무 자르듯이 명확하게 내 일, 네 일 나누기가 쉽지 않다. 결과는 리더와 팀원, 팀원과 팀원 간 상호작용을 통해 나오기 때문이다. 남과의 비교는 사절이지만, 우리는 자기도 모르는 사이에 남에게 영향을 주고, 영향받기 마련이다. 조직 단위, 팀 단위 평가가 늘고, 개인 단위 평가는 줄어드는 이유다. 결국, 만남과 헤어짐이 직장 생활의 전부일지도 모른다.

바뀌기 위해 자리를 바꿨다. 나름 중책을 맡아 작년 1년 쉴 틈 없이 달렸고, 괜찮은 성과도 냈다고 자부했지만, 원하던 결과를 얻지 못했다. 직원과의 관계도 편치만은 않았다. 이 정도 경험과 경력이면, 누구와 함께하더라도 거뜬하리라 자신했는데, 모든 관계는 상대적임을 깨달았다. 고심 끝에, 인사상 불이익을 감수하고, 자리 이동을 요청했다. 저간의 사정을 잘 아는 선배마저, 그건 프로가 아닌 아마추어의 자세라며 나를 나무랐다.

근무지가 바뀐 것도, 업무가 바뀐 것도 아니고, 단지 자리 배치만 바뀌었을 뿐인데도 낯선 것투성이다. 당장 업무용 컴퓨터, 노트북, 프린터, 인증서를 옮기는 작업부터 쉽지 않다. IT 리더의 도움 없이는 PC와 프린터 장애를 해결하는 데도 어려움을 겪는다. 업무를 보조할 도구들이 제자리를 찾는 것도 이렇게 힘겨운데, 함께 일하게 될 후배들과 알아가고, 호흡을 맞추고, 익숙해지기까지는 또 얼마의 시간이 필요한 걸까. 더구나, 우리 팀에는 이번에 입사한 신입직원까지 왔으니, 낯섦과의 시간이 길어질 것은 뻔하다.

그러나 인간은 적응의 동물이다. 새로운 환경과 업무, 사람에게도 이내 적응한다. 인간의 생존 본능이다. 자신 없다고 생각하면 한없이 가라앉을 것이지만, 괜찮다고 생각하면 웬만한 낯섦에는 금방 적응할 수 있다. 나라고 예외는 아니리라. 가족의 응원, 동료 선후배들의 격려와 위로, 새로운 자리 적응으로 시간을 보내다 보니, 어느새 인사 발령의 후폭풍은 지난 과거가 되어 있다. 새로운 사람들과 인사를 나누고, 자리를 재정비하는 데 필요한 시간은 일주일이면 충분했다.

다시금 기업금융 전문가의 품격을 되찾는다. 벌써 어려운 민원도 해결하고, 후배들을 다독여 사무실 레이아웃 공사도 마무리했다. 첫 대면부터 예상치 못한 발칙한 요청을 받고, 의심의 눈초리를 거두지 않던 지점장도 이제 나를 믿어주는 눈치다. 그러면, 나는 불과 일주일 사이 아마추어에서 다시 프로로 거듭난 것일까. 비교체험 극과 극도 아니고, 아무래도 이상한 일이다. 나만 특별한 존재일 리는 없다. 이제, 고개를 들어 다른 직원들의 모습을 확인하기로 한다.

새로운 지점장은 이사 자리는 따 놓은 당상이라는 평가를 받는 리더다. 주요 보직을 두루 경험했고, 영어 실력은 회사 내 최고다.

승진도 빠르다. 보수적인 문화로 정평이 난 공공기관에서 40대 지점장 지위에 올랐다는 건 〈그 사람〉에 대한 평가가 끝났다는 이야기다. 천재지변이 없는 한, 승승장구가 예상된다. 그러나 지점장도 지점장은 처음이다 보니 어딘지 모르게 어색하다. 본점과는 다른 지점의 복잡한 성과평가 체계를 이해하는 데 어려움을 겪는다. 늘어난 업무량과 연간 목표를 확인하고는 적잖이 놀란 눈치다. 이미 사문화된 지 오래인 과거의 규정과 기준을 아직 이야기하는 걸 보면, 현장 감각을 되찾는 데도 시간이 필요한 듯하다. 팀 배정에 불만을 표명한 직원도 꽤 여럿이었는지, 며칠 사이 유난히 말수도 줄었다. 30년 차 지점장도 모르는 것투성이의 〈아마추어〉다.

반면, 1998년생 신입 직원은 기대 이상이다. 분명, 대학교 졸업 후 첫 직장이라고 했는데, 미생의 인턴사원 장그래보다는 김동식 대리의 분위기가 물씬 풍긴다. 악성 민원인과의 전화 통화에도 당황하지 않고, 누가 시키지도 않은 서고 정리에도 솔선수범이다. MZ 세대는 자기본위적이라던데, 예외 없는 규칙은 없는가 보다. 보는 눈은 다 비슷한지, 30년 차 지점장부터 3년 차 대리까지 모두 그를 칭찬한다. 알고 보니, 그는 2년 전 우리 회사에서 6개월간 근무한 적 있는 청년인턴 출신이다. 당시에도 성실하게 업무에 임했고, 직원들과도 잘 지냈다는 후문이다. 그도 회사에 좋은 인상을 받았는지, 대학 졸업 후에는 은행, 투자회사 등 다른 곳 입사를 포기하고 우리 회사를 선택했다. 스물여섯이라는 이른 나이에, 이른바 좋은 일자리에 취업하고, 벌써 선배들의 칭찬까지 한 몸에 받다니,

갓 입사한 신입 직원은 지난 일주일간 하늘을 달렸다.

그러나 성실함, 순발력과는 별개로, 그는 아직 모르는 게 많은 〈실수투성이〉다. 인턴 때 경험했던 일임에도, 여전히 CEO로부터 받아야 하는 서류를 누락하고, 신분증 확인을 놓친다. 다 알아들었다는 듯 고개를 끄덕이다가도, 얼마 후 여지없이 다시 돌아와 되묻는다. 금액란에 영(0)을 하나 더 붙였다가 은행 직원의 긴급 전화를 받은 일도 있다. 그가 신입 직원의 면모를 되찾는 데 걸린 시간은 대략 일주일이다.

완벽한 프로는 없다. 모두가 실수하고, 좌절하면서 성장한다. 인턴에서 신입 직원으로, 다시 10년 차 과장, 20년 차 팀장, 30년 차 지점장으로 한 걸음씩 나아갈 뿐이다. 김 프로, 이 프로 소리를 듣다가 중도에 포기하는 사람도 많다. 제아무리 전문가라도 모르는 건 배우고, 실수는 줄여 나가는 것이 전부다. 낯익은 것과 이별하는 데 익숙해지고, 낯선 것과 만나는 데 두려움이 없다면 베스트다. 20년 차 베테랑도 슬럼프를 겪지만, 과감하게 자리와 환경을 바꾼 후 품격을 되찾는다. 30년 차 지점장은 '라테' 타령 그만두고, 눈과 귀를 연 후에 권위를 확보한다. 때로는 아는 것도 모른다고 말하는 것, 공(功)은 후배 덕, 과(過)는 본인 탓하는 것이야말로 성숙한 아마추어의 태도다.

조급함 대신 여유로움이 필요하다. 한 번에 두세 단계를 건너뛰는 것은 과욕이다. 지금의 자리에서 계속 노력하되, 남과 소통하고, 교환하고, 받아들여야 한다. 오직 성장하는 아마추어가 있을 뿐이다. 프로의 타고난 재능보다 아마추어의 도전이 중요하다. 틀렸다고 자책할 필요 없다. 시간은 단지 흐르는 게 아니라, 켜켜이 쌓이는 것이다. 신입이 실수하지 않는다면, 재미도 감동도 없다. 빈틈없는 후배에게는 다가갈 선배가 없으니, 업무 적응은 더 늦어질 뿐이다. 신입 직원이 아마추어인 건 축하할 일이다.

2012년, 이승철은 〈아마추어〉를 발표했다. 그의 히트곡 〈소리쳐〉, 〈그 사람〉, 〈잊었니〉 등을 함께 만든 홍진영이 작사, 작곡한 노래다. 이 노래가 나올 당시 이승철은 오디션 프로그램 《슈퍼스타K》의 심사위원이었다. 수많은 도전자가 꿈을 이루기 위해 도전하고 노력하는 모습을 보고, 세상에 우린 모두 다 아마추어다. 두려워하지 말고, 자신 삶에 최선을 다하면 되는 거라는 생각을 담아 가사를 썼다.

새로운 도전과 꿈을 향한 열정이 있는 한, 아마추어라니. 역설적이지만, 깊이 공감한다. 이승철은 가수로 30년을 살아오며, 라이브의 황제라는 타이틀, 천만 장 이상의 앨범 판매, 2천 회 이상의 단독 콘서트라는 기록까지 보유했지만, 여전히 무대에서 긴장하고 실수한다. 노래하기 위해 태어난 사람 소리를 듣는데도 그렇다. 편집이나 끊김이 없이 단 한 번에 녹음을 마친 후, 보정 없이 노래를 그대로 발표하는 방식을 빌어, 그도 〈실수투성이〉자, 〈아마추어〉임을 만천하에 〈고백〉했다. 한편으로는, 냉정함을 잃지 않는 멘토여야 함에 괴로움을 느낀 이승철은 결국 자신의 부족함을 드러내는 방식으로 미래의 슈퍼스타들에게 〈아마추어〉 곡을 선물했다. 이쯤 되면, 모두가 자기를 위한 노래라고 공감할 수밖에 없다.

내세울 것 없는 실수투성이, 미생들을 위한 〈아마추어〉는 독설가 이미지의 이승철에게도 신의 한 수였다. 10년도 더 지난 지금까지도, 빈틈 많은 이 노래는 계속 불린다. 유튜브 조회수도 600만을 넘어섰다. 같은 자리에 머무르되 실수하지 않으면 프로, 다른 자리에 도전하되 실수하면 아마추어. 여전히 세상은 둘의 차이를 이렇게 구분한다. 그렇다면, 나는 영원한 아마추어로 살고 싶다. 소통하고, 도전하고, 실수하고, 성장하는 아마추어로 말이다. 프로는 없다.

다시, 고백의 시대

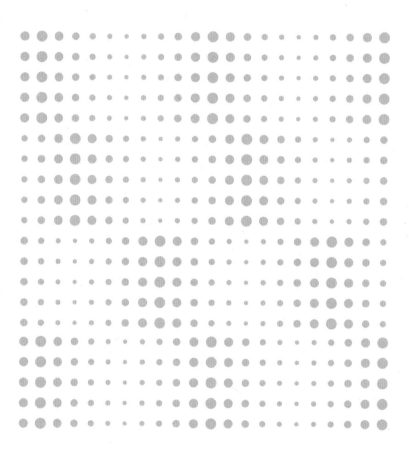

My Love (2013)

2013년 6월 18일 발매한 이승철 11집 《My Love》의 동명 타이틀곡. 2014년 1월 열린 28회 골든 디스크에서 음원 본상을 수상했다. 당시 실제 커플의 프로포즈에 이승철이 직접 등장해 노래해 주는 뮤직비디오가 화제가 되었다. 2021년에는 데뷔 35주년을 맞아 후배 가수 태연과 듀엣 버전을 발매하였다.

가진 거라곤 젊음뿐이던 2005년 아내와 결혼했다. 지금 돌이켜
보면, 무모한 도전과 다름없는 일이었다. 이때만 해도, 청춘 남녀의
결혼은 선택보다는 필수에 가까운 시절이었기에 연애의 끝은 결혼
이라고 생각했다. 그러나 이제 막 사회생활 3년 차에 접어든 사회
초년생의 주머니 사정은 변변치 않았다. 부모님에게 도움을 받기
는커녕, 독립한다는 죄스러움에 그동안 모아 놓은 돈 대부분을 드
리고 난 후였으니, 통장은 텅 비어 있었다. 뻔한 월급쟁이 신세가
갑자기 확 달리질 리도 만무했다. 요즘 분위기였으면 결혼은 꾸지
못할 꿈이었을 것이다.

결혼식은 성당에서 하기로 해 큰 부담이 없었다. 신혼여행 경비
는 친구들의 축의금으로 충당했다. 신혼집이 문제였는데, 임차보
증금은 은행에서 개설한 마이너스 통장과 회사 대여금으로 간신히
마련했다. 남들은 종잣돈을 불려 미래를 준비한다는데, 나는 일을
저질러 놓고 뒷수습하는 형국이었다. 경제적인 측면만 놓고 보자
면, 빚으로 시작한 결혼생활이라고 해도 과언이 아니다. 고백하자
면, 18년이 지난 지금도 여전히 빚잔치 중이다. 결혼 후 5년간 집
주인 사정 봐주다가 이사만 4번을 다닌 터라, 이대로는 도저히 안
되겠다 싶어 무리하게 대출받아 집을 마련했기 때문이다. 그사이
아이들 양육비, 생활비, 품위유지비는 계속 늘었고, 몇 번의 투자
실패도 있었다. 이대로라면, 평생 빚 청산만 하다가 눈을 감을 수도
있겠다는 아찔한 생각이 들기도 한다.

하지만 나는 내 결정을 후회하지 않는다. 비록 아내를 호강시켜

주겠다던 다짐은 공염불이 되어 가고 있다는 게 마음에 걸리지만
말이다. 이건 시간을 두고 내가 평생 풀어야 할 숙제다. 그래도 결
혼해서 가정을 이루고, 아이들 키우고, 가족들 부양하려고 힘닿는
날까지 밥벌이하는 것은 세상 무엇과도 바꿀 수 없는 축복임이 분
명하다. 다만, 아내들이 평생 추억으로 간직한다는 청혼 이벤트가
밋밋했다는 점은 못내 아쉽다. 돈이 있건 없건, 반려자를 위해 성심
성의껏 프러포즈를 준비했어야 했는데, 당시엔 생각이 짧았다. 내
년인 결혼 20주년을 반전의 기회로 삼아야겠다고 다짐해 본다.

2013년, 이승철은 〈My Love〉를 발표했다. 경쾌한 리듬과 솔
직 담백한 노랫말이 인상적인 곡이다. 실제 젊은 커플의 프러포즈
과정을 담은 뮤직비디오로 유명한 고백 송이기도 하다. 남자 주인
공이 사연을 신청하고, 이승철에게 직접 노래를 배운 후, 여자친구
몰래 한 편의 뮤직 드라마를 완성했다. 남성의 용기와 실행력이 빛
을 발했다. 용감한 자가 미인을 얻는다는 말, 무모한 도전이 뜻밖의
결과를 낳는다는 격언이 새삼스레 와닿는다.

2024년 〈My Love〉 공식 동영상의 유튜브 조회수는 2천만 뷰
를 훌쩍 넘었다. 이승철 최고의 히트곡이라 보아도 무방할 수준이
다. 뮤직비디오 커플도 벌써 10년 차 부부가 되었겠다. 결혼은 엄
연한 현실인지라, 그들의 삶에도 희로애락이 뒤섞여 있을 테지만,
힘들 때마다 이 뮤직비디오를 보면 한결 마음 풀리리라 확신한다.
제삼자도 볼 때마다 설레는데, 당사자의 감동은 오죽할까.

그러나 당대 최고의 가수가 평생 기억에 남을 축가를 불러주고,

나 같은 소시민이 목에 핏대 세우고 결혼을 예찬하여도 지금은 결혼이 사치재 소리까지 듣는 시대다. 이대로 가다가는 머지않은 미래에 대한민국 인구는 소멸할 것이라는 등 부정적 뉴스가 끊이질 않지만, 당장 오늘 하루를 사는 것도 빠듯한 청춘들에게, 삼십 년후의 나라를 생각해 결혼하고, 아이 낳으라 권유하는 건 억지나 다름없다. 그러고 보니 〈My Love〉 뮤직비디오 이벤트에도 많은 돈이 들었을 터다. 타고난 금수저, 고연봉 전문직이 아니고야 현실에서 그 정도 이벤트를 기획하는 건 쉽지 않은 일이다. 뱁새가 황새 따라 하려다간 다리가 찢어진다. 신혼살림은 고사하고, 결혼 준비만으로도 감당 못 할 비용이 든다면, 결혼은 정말 소수의 선택받은 이들만을 위한 제도로 전락할 수 있다.

마산에는 무료 예식으로 유명한 신신예식장이 있다. 1967년에 개장했으니 올해로 58년째다. 이곳은 형편이 어려운 부부를 위해서 최소한의 결혼사진 비용만 받고, 예식장은 무료로 이용하게 해주어서 유명해진 곳이다. 대표가 국민훈장을 받은 2019년부터는 아예 사진값도 받지 않고 있다. 안타깝게도 예식장 설립 대표는 얼마 전 별세했고, 현재는 부인과 아들이 명맥을 이어가는 중이다. 선친의 뜻을 이어받은 아들은 사진학을 전공했다고 한다. 높이 평가받을 일이다.

사진관 수입이 마땅치 않아 예식장이 경매에 넘어갔던 적도 있다. 후원자들의 도움으로 원만히 해결했다고는 하나, 지금과 같은 시대적 분위기를 고려하면 언제 또 안 좋은 소식이 전해질지 모를 일이다. 얼마 전 현직 국무총리가 이 예식장을 깜짝 방문해, 때늦은 결혼식을 올리는 가난한 부부를 위해 주례를 서 주었다고 해서 화제였다. 요란스럽게 주변에 알리지 않고, 조용히 참석해 인생 선배로서 덕담하고 갔다니, 울림이 크다. 허례허식과 거품을 걷어내도, 모든 혼인은 축제의 장임이 다시 분명해졌다. 시인 신경림이 얘기하였듯이, 가난하다고 해서 사랑을 모르겠는가.

화려한 보컬로 유명한 이승철이지만, 〈My Love〉 속 그의 음색은 전과 달리 깔끔하다. 악기연주와 편곡도 그렇다. 작사가 겸 작곡가 전해성은 전작인 이승철의 〈긴 하루〉, 윤도현의 〈사랑했나 봐〉를 이어 이 곡에서도 담백함을 유감없이 발휘했다. 화려한 뮤직비디오는 겉모습에 불과하다. 본질은 담백함에 있다. 음악의 처음부터 끝까지 눈에 띄는 클라이맥스도 없으니, 〈My Love〉는 평범한 사람들을 위한 고백 송임이 분명하다. "햇살이 밝은 아침보다 밤의 달빛이 어울리는" 모든 연인을 위한 노래다.

이 노래가 발표된 지도 벌써 10년이 지났다. 어느덧 원곡자 이승철도 날카로운 예술인의 풍모보다는, 자녀를 양육하는 아빠로서 분위기가 더 어울린다. 그가 TV 프로그램의 멘토로 나와 솔로들에게 결혼을 독려하는 모습도 익숙하다. 겉보기엔 남부러울 게 없어 보이는 연예인들이 그의 말에 귀 기울이고, 좋은 신랑이 되기 위한 준비에 진심인 걸 보니, 그의 영향력은 여전하다.

그러나 TV 화면 속 연예인들의 화려한 일상을 지켜보는 일은 어딘지 불편하다. 이미 상당한 규모의 부를 쌓은 멘토와 멘티가 그

리는 연애, 그리고 결혼 준비 과정은 아무래도 실제 현실과는 괴리
가 있다. 각자의 위치에서 자기 깜냥껏 최선을 다해 살아가는 이 땅
의 장삼이사(張三李四)들이 더 이상 비교열위에 처하지 않길 바랄
따름이다. 우리에게 필요한 건 상대적 박탈감이 아닌, 미래에 대한
희망이다.

그가 신신예식장을 깜짝 방문해 축가로 〈My Love〉를 불러주
는 상상을 해본다. 앨범 발매 10주년 기념 이벤트로도 제격이다.
노회한 고위 공무원이 단상에 서서 "김치! 참치! 꽁치!"라고 외치
며 사진 찍는 것보다는, 라이브 가수의 프러포즈 송이 더 큰 화제
를 불러일으킬 것임은 확실하다. 기존 뮤직비디오와는 달리, 이번
에는 늦깎이 결혼식을 준비하는 10년, 20년, 30년 차 부부의 사연
과 함께하는 것도 괜찮을 듯하다. 이미 충분한 노블레스 오블리주
(Noblesse Oblige: 높은 사회적 신분에 상응하는 도덕적 의무)를 실천한 사
람에게 과한 기대를 하는 것일 수도 있다. 그래도, 그가 여태껏 쌓
아 온 선한 영향력을 잘 알기에 그의 타고난 재능이 사회의 소외된
이들에게까지 잘 스며들었으면 하는 나의 바람도 여전하다.

신혼부부 전용 보금자리론, 특별분양, 출산 지원금 등 결혼과
출산을 장려하는 제도들이 우후죽순 생겨나는데도, 실상은 정책
당국이 기대하는 바와 다르다. 당장 분위기 전환은 쉽지 않겠지만,
이대로 두었다간 희망 없는 사회가 도래할 날도 멀지 않다. 창업이
없는 사회는 퇴보할 뿐이지만, 고백(청혼)이 없는 세상에는 아무런
미래가 없다. 희망은 시와 노래에 있을지도 모른다. 1988년, 지명

수배 중이던 어느 청년의 조촐한 결혼식에서 신경림은 〈가난한 사랑 노래〉로 부부의 탄생을 축하했다. 사랑이 있는 한, 가난도, 외로움도, 두려움도 모두 극복할 수 있으리라는 시상은 35년을 뛰어넘어 신신예식장을 찾는 부부들에게 전해지고 있다.

시가 떠난 자리는 음악으로도 채워진다. 한동준의 〈사랑의 서약〉, 동물원의 〈널 사랑하겠어〉, 이소라의 〈청혼〉, 유리상자의 〈신부에게〉는 1990년대 결혼 장려의 일등 공신이다. 2000년대 결혼식장은 성시경의 〈두 사람〉, 김동률의 〈감사〉, 이적의 〈다행이다〉가 접수했다. 2013년 발표된 〈My Love〉는 축가의 끝자락 정도다. 공교롭게도, 2020년을 관통하는 고백 송이 나오질 않으니 결혼도 출산도 지지부진이다. 시대 해석의 오류, 성급한 일반화의 오류라고 핀잔받을지언정, 부르기 좋고 듣기도 좋은 축가가 많아지는 걸 반대할 사람은 없다.

18세기 후반 독일의 대문호 괴테가 쓴《젊은 베르테르의 슬픔》은 베르테르 증후군이라는 용어를 유행시킬 정도로 젊은이들을 우울감에 빠져들게 했다. 그렇게 멀리 갈 필요도 없다. 불과 1, 2년 전 우리도 코로나 블루를 생생하게 경험하지 않았던가. 분위기 전환에는 음악만 한 게 없다. 더구나, K-POP의 위상과 파급력을 고려하면 밝고 긍정적인 사회적 분위기는 생각보다 빨리 형성될 수도 있다. 유행은 돌고 돈다. 다시 찾아올 고백의 시대, 〈My Love〉가 그 시작이기를 기대해 본다.

자유인의 책임감

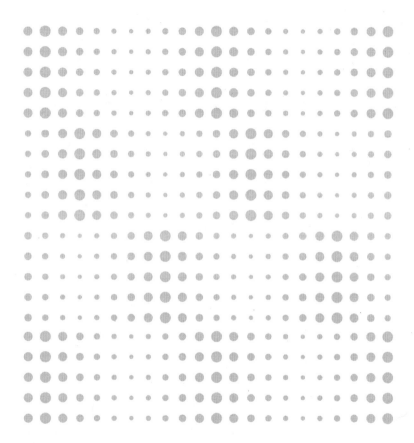

마더 (2015)

2015년에 발매된 이승철 12집 《시간 참 빠르다》의 4번 트랙 수록곡이며, 앨범 발매 이전에 디지털 싱글 앨범으로 선공개된 곡이기도 하다. 이승철과 김유신이 함께 작사·작곡했다. 누구나 알고 느끼지만 거의 잊고 사는 어머니에 대한 사랑과 감사함을 마음속 깊은 진심으로 표현한 노랫말이 눈시울을 적신다.

이십 대 중반 가수로서의 전성기를 누리던 이승철은 방송 출연 금지자 명단에 오른다. 자신의 실수 때문이기에 누굴 원망할 수도 없는 노릇이다. 달리 방법은 없다. 가수로서의 삶을 포기하지 않는 이상, 이제부터는 이른바, 재야(在野)의 고수(高手)로라도 살아남아 자신의 때를 기다리는 수밖에 없다. 자그마치 6년의 기다림이었다. 카메라와 화려한 조명의 스포트라이트는 없을지언정, 그는 불러주는 곳이면 어디든 달려가 노래하고, 또 노래했다. 수년간 심장병 어린이 콘서트를 계속하면서 반성과 참회, 보람의 시간을 보냈다.

지나간 일에 얽매이지 않고, 미래로 나아가려면 실력을 갈고닦는 수밖에 없다. 이승철이 최고의 보컬리스트, 라이브의 황제 소리를 듣게 된 것은 공교롭게도 방송 출연 금지 시절이었다. 공중파 3사가 유일한 TV 채널이던 시절임에도, 그는 잊히지 않았다. 위기의 순간, 뒤로 숨지 않고 온몸으로 비판을 감수하며 꿋꿋하게 버티는 일이 첫째. 제 분야에서 뚜벅뚜벅 한 걸음씩 나가는 일이 둘째. 이 두 가지가 합쳐지면 최선이다. 그다음은 하늘의 뜻이다.

1996년 그의 나이 서른, 때를 기다리던 그에게 드디어 기회가 찾아왔다. KBS 빅쇼라는 프로그램이 무려 1시간 반을 할애해 그에게 복귀 무대를 제공한 것이다. 공연의 부제는 〈자유인〉이다. 이만큼 그를 잘 표현하는 단어도 없다. 자유에는 책임이 따른다는 것, 책임을 다하면 또다시 자유가 주어질 수도 있다는 뜻이리라. 만감이 교차하는 공연 타이틀이 아닐 수 없다. 그러나 지나침은 부족함보다 못하다고 했던가(過猶不及). 연습에 지나치게 힘을 쏟다 보니,

막상 실전에서 탈이 났다. 공연 내내 그의 목소리는 쉬어 있었다. 음 이탈도 계속됐다. 그날따라 유독 긴장한 듯, 제 실력이 발휘되지 않았다. 어느 때보다 중요한 무대인데, 제대로 노래할 수 없어 속상하다며 관객들과 시청자들에게 연신 사과하는 그의 모습이 안쓰럽기까지 했다.

위기의 순간, 대선배인 조영남과 윤복희가 그를 살렸다. 공연의 막바지 그는 대형 가수들의 애창곡이자, 들을 때마다 가슴이 웅장해지는 〈여러분〉을 선곡했다. 목 컨디션 문제로 노래 부르기가 부담스러웠는지, 그는 갑자기 관객석에 앉아 있던 조영남에게 도움을 요청했다. "형! 저 좀 도와주세요" 라이브 황제의 자존심 따위는 오간 데 없었다. 다행히 이 노래는 제목처럼 〈여러분〉과 함께 불러야 빛이 나는 곡이기도 했다. 고음 부분을 선배에게 기꺼이 양보한 그는 그제야 안도하는 듯했다.

멀리 또 오래 가려면 혼자 갈 수는 없는 법이다. 자타공인 프로도 힘겨우면 SOS를 요청하는 마당에 〈아마추어〉이자 〈실수투성이〉인 우리가 남에게 청(請)하지 못할 일이 어딨겠는가. 오른쪽에선 조영남이 멋진 화음을 넣어주며, 복귀 가수의 부담감을 낮춰준다. 그의 왼쪽에서는 〈여러분〉의 원곡자 윤복희가 예고 없이 나타나 또 다른 화음을 쌓는다. 천군만마를 얻은 셈이다. 이날 공연의 하이라이트는, 우정 출연한 김태원의 기타 연주가 빛을 발한 〈비와 당신의 이야기〉도, 이승철의 존재감을 세상에 알린 〈희야〉도 아닌, 존경하는 선배들이 조력자로 나서 준 〈여러분〉이었다.

절치부심(切齒腐心) 준비한 기회의 무대에서, 본인 노래가 아닌 남의 노래로 울림을 주다니, 역시 인생의 묘미는 의외성에 있다. 그날 잠긴 목소리가 아니었다면, 조영남, 윤복희, 이승철 세 명이 함께한 트리오 무대는 없었을 것이다. 때로는 위기가 축복이다. 선배는 후배에게 진심 어린 조언도 아끼지 않는다. 조영남은 말한다. 이곳 무대 위, 저곳 무대 아래, 어디를 둘러보아도 실수하지 않고 사는 사람 찾기 어렵다고. 선배는 자기 잘못을 스스럼없이 밝히는 너스레를 떨면서까지, 떨고 있는 후배의 기를 살렸다. 목소리가 쉬었으면, 차라리 더 크게 노래 부르라며 훈수도 둔다. 혹시나 하는 걱정에 목청껏 노래하지 않는다면, 그것이야말로 큰 실수라는 대목에선 절로 고개가 끄덕여졌다. 윤복희는 말한다. 지난 실수에 얽매이지 말고, 좋은 노래 많이 부르라고. 상처가 온전히 사라질 수는 없고, 흉터는 남는 법이니, 가끔 뒤도 돌아보며 살라고. 그러다 보면, 분명 너의 시간은 다시 올 것이라고 말이다. 이날의 무대 이후 거짓말처럼 이승철의 두 번째 전성기가 시작된다. 1996년 이승철은 〈오늘도 난〉을 발표하고, 대중가수로 성공 가도에 오르게 된다.

이승철의 화려한 '부활' 콘서트, 그러나 관객석 한편에는 공연 내내 무대 위 가수보다 더 긴장한 모습으로 안절부절못하는 이가 있었으니, 바로 그의 어머니다. 그녀는 아들의 공연을 즐기기는커녕, 초조하게 눈을 감고 가끔 눈물을 떨굴 뿐이었다. 감개무량한, 보고도 믿기 힘든 오늘의 무대에서 아들이 행여나 실수할까, 아픈 목으로 끝까지 노래할 수는 있을까 노심초사했다.

이심전심(以心傳心), 아들도 공연 도중 느닷없이 자기 고백의 시간을 갖는다. 막내아들로 태어나 부모님 속 참 많이 썩였다며, 관객석 어머니에게 사과했다. 못난 아들 때문에 어머니가 40년 공직 생활을 뜻하지 않게 마무리했다는 지점에선 결국 아들의 목소리도 메였다. 한편으로, 어머니는 가장 좋은 자리에서 아들의 복귀 무대를 지켜볼 수 있게 되었으니, 그걸로 충분했으리라. 부모에게 자랑이기만 한 자녀가 어디 있겠는가. 〈방황〉을 끝내고, 이내 제자리를 찾은 아들, 그거면 된다.

2015년, 이승철은 데뷔 30주년 기념 앨범 《시간 참 빠르다》를 발표했다. 타이틀곡은 〈마더〉다. 안타깝게도, 그의 모친은 이 노래를 발표하기 한 해 전 별세했다. 그는 아내, 딸, 장모님을 모시고 미국에서 콘서트를 하던 중 비보를 전해 들었다. 어머니는 아들의 복귀 무대를 곁에서 지켜보았지만, 아들은 어머니의 마지막을 곁에서 지켜드리지 못했다.

봉양하고자 해도, 부모는 기다려주지 않는다. 〈마더〉는 이승철이 직접 작사하고, 작곡한 곡이다. 어머니를 향한 그의 마음이 담긴 곡이라 더욱 뜻깊다. 엄마도 소중한 보배 같은 딸이었는데, 어느새 엄마라는 이름 때문에 자신도 소중한 한 명의 딸이라는 사실을 잊은 채 살아온 날이여 라는 노랫말이 애틋하다. 데뷔 30년, 하늘의 이치를 깨닫는다는 지천명(50)의 나이에 이른 아들은, 자신의 복귀 무대 주관 방송사였던 KBS 프로그램(유희열의 스케치북)에 다시 출연해 하늘에 계신 어머니에게 이 절절한 사모곡(思母曲)을 바쳤다.

20년 전이나 지금이나, 목메고 눈물 나기는 마찬가지다. 〈마더〉에 이어 〈시간 참 빠르다〉로 이어진 이날의 방송은, 공연이 끝난 후 시청자가 무엇을 해야 하는지 알려주는 소중한 시간이었다. 그날 밤, 나도 고향에 계신 어머니에게 전화를 걸었다.

유명인이든, 일반인이든, 부자든, 빈자든 차이는 없다. 효도의 첫째는 나의 인생을 잘 살아가는 것, 둘째는 자주 전화하고, 찾아뵙는 것. 그것이 전부다. 손주의 재롱을 보여드리는 일, 용돈을 챙겨드리는 일은 덤이다. 그 이상은 과유불급이다. 평생을 받기만 하고 살아왔는데, 나이 들어 효도한답시고 갑자기 과한 친절을 베풀거나 사사건건 관여하는 것은 오버다. 학원 숙제가 부담된다며 한사코 동행을 거부하던 아들 둘을 데리고, 이번 설에도 부모님을 찾아뵈었다. 누구처럼 궁궐 같은 집에 모시고 살지도, 넉넉한 용돈을 드리지도 못해 죄송스러운 마음이지만, 건강하고 씩씩한 손주를 둘씩이나 대동하고 부모님 댁을 방문하는 일은 늘 뿌듯하다.

내년부터는 본인 건강 삼아 하신다는 요양보호사 도우미 일을 그만두더라도, 삼시세끼 식사와 나들이 정도는 걱정 없을 만큼의 용돈은 드리겠다는 아들의 호기로운 장담이 썩 싫지는 않은 눈치다. 내가 커피 한 잔, 술 한 잔 줄이면 되는 일이다. 우선은 급한 대로, 어머니가 가장 좋아하는 민물장어구이와 지난달 생신 때보다 조금 더 넣어드린 용돈으로, 나의 다짐이 단순한 허언(虛言)이 아님을 입증해 보인다.

맞벌이라는 핑계를 대는 우리 부부를 대신해, 아이들의 아침,

저녁을 챙겨주시는 장모님께도 전보다 살가운 사위가 되기로 다짐해 본다. 10년을 모시고 살다 보니, 아무래도 감사함을 많이 잊고 살았다. 장모님 덕분에 아이들도 잘 컸는데, 주말이라도 편히 쉬실 수 있게 가까운 파주에 자그마한 보금자리 하나 마련해 드린 건, 지금 생각해도 꽤 괜찮은 결정이다. 나와 아내는 이십 년째 꾸준히 연금을 넣고 있으니, 나이 들어 아이들에게 경제적인 부담감을 짊어주지는 않을 테다. 행여 새로운 도전에 나섰다가 실패하더라도, 파산하지 않을 정도의 저공비행으로 누울 자리를 마련해 둘 예정이다. 꿈꾸는 리얼리스트로 사는 모습은, 부모 그리고 자녀에게도 자부심과 안정감을 준다.

이승철이 〈마더〉를 발표한 지도 10년이 다 되어간다. 이제 어머니의 빈자리는 그의 장모님이 대신한다. 얼마 전 TV에 동반 출연한 두 사람이 함께 겨울 김장하고, 술잔 기울이며 데이트 즐기는 모습을 보았다. 행복을 만끽하던 중임에도 카메라에 비친 그의 눈가엔 어느덧 눈물이 고인다. 목소리가 메인 것도 매한가지다. 장모님을 통해서 어머니를 느끼기 때문이리라. 더는 후회하지 않기 위해, 가능한 많은 경험을 함께하고, 기억은 기록으로 남기는 중이라는 그의 〈고백〉이 이어졌다. 한 여자의 남편이자, 두 아이의 아빠, 장모님의 사위인 그의 모습에 자연스레 나의 모습이 덧씌워진다. 스타나, 그의 오랜 팬이나, 각자 자리에서 어제보다 조금 더 나은 오늘을 살기 위해 노력할 뿐이다. 철부지 자유인이 책임감 있는 부모로 변해가는 것도 비슷하다. 사람 사는 건 다 거기서 거기다. 소중한 사람과 함께 경험하고, 나누고, 기록을 남기는 것, 그게 전부다. 효도와 성공은 그렇게 멀리 있지 않다.

아침 그리고 저녁

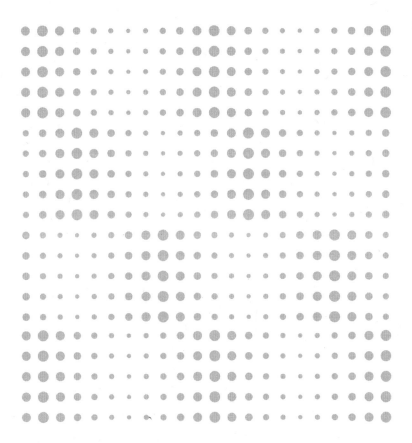

시간 참 빠르다 (2015)

이승철 12집이자 30주년 기념 음반의 《시간 참 빠르다》의 동명 타이틀곡. 4번타자 작사, 신사동 호랭이, 4번타자, 놈놈놈이 공동으로 작업했다. 군더더기가 없는 깔끔한 팝 발라드곡으로, 어느 덧 데뷔 30년을 맞는 이승철의 심정이 제목과 매치되어 담담하게 노래하는 아련함과 소박함을 느 낄 수 있다.

스물두 살 무렵, 생선 배달 아르바이트를 하다가 오토바이 사고가 났다. 뒤에서 오던 자동차가 내가 운전하던 오토바이를 쳤다. 공중으로 붕 떠서 땅으로 낙하하는 그 짧은 순간, 거짓말처럼 지나온 삶이 주마등처럼 스쳐 지나갔다. 스무 해의 반추는 단 1초면 충분했다. 주된 감정은 후회였다. 얼마 전 소설 《아침 그리고 저녁》을 읽고 이때가 떠올랐다.

그래, 지금부터라도 오롯이 나의 현재에 집중하면서 살아야 한다. 회한이 남지 않도록, 생각보다는 행동을, 미움보다는 사랑을 다하면서 살아야 한다. 타고난 재능이 부족하다고 불평할 필요는 더더욱 없다. 어부 요한네스의 단조로운 생애가 실은 가장 찬란하게 빛나는 삶이다. 평범함은 만인의 공감으로, 그리고 노벨 문학상이라는 쾌거로 이어졌다. 삶을 긍정하려는 태도를 유지하는 한 패배는 없다.

《아침 그리고 저녁》은 2023년 노벨 문학상을 받은 노르웨이 작가 욘 포세의 소설이다. 노르웨이 어부 요한네스의 특별할 게 없는 평범한 삶을 1부 아침, 2부 저녁으로 나누어 담담하게 보여준다. 아버지는 갓 태어난 아들의 이름을 할아버지의 이름 그대로 요한네스로 짓는다. 운명처럼 직업도 어부 그대로다. 이는 삶과 죽음이 자연스레 연결되어 있음을 의미한다. 시간이 흘러 나이가 든 요한네스는 먼저 떠난 아내를 그리워하면서도, 대화를 나눌 친구가 없음에도, 어제와 별반 다름없는 일상을 보낸다. 아침에 일어나 담배를 말고, 커피를 끓이고, 빵을 굽고 난 후 산책을 한다. 죽음의 문턱에서도 마찬가지다. 익숙한 듯 낯선, 낯선 듯 익숙한 하루를 보내며, 죽음조차도 제대로 인지하지 못한 채 편안한 마지막을 맞이한다. 그래도 사랑하는 막내딸이 요한네스의 죽음을 정녕 슬퍼해 주었으니, 참 다행스러운 마무리다. 해가 저문다 해도 그다지 두렵지는 않다. 그리운 아내, 친구와 재회할 수 있다는 기대감 때문이다. 결국, 삶과 죽음은 〈긴 하루〉의 아침과 저녁처럼 자연스레 이어진다.

> "이제 아이는 추운 세상으로 나와야 한다, 그리고 그곳에서 그는 혼자가 된다, 마르타와 분리되어, 다른 모든 사람과 분리되어 혼자가 될 것이며, 언제나 혼자일 것이다, 그러고 나서, 다른 모든 것이 지나가, 그의 때가 되면, 스러져 다시 아무것도 아닌 것이 되어, 왔던 곳으로 돌아갈 것이다, 무에서 무로, 그것이 살아가는 과정이다, 사람이나, 동물이나, 새, 물고기, 집, 그릇, 존재하는 모든 것이," *

그렇다. 이제 우리는 그저 지금, 이 순간을 사는 것으로 충분하다. 시간은 빠르게 흘러 머지않아 저녁이 올 테지만, 노여워하지도, 후회하지도 말고 담담히 오늘을 보내면 될 일이다. 시간은 누구에게나 공평하니 얼마나 다행인가. 시기와 질투는 큰 의미 없다. 사회

---

* 욘 포세, 《아침 그리고 저녁》, 문학동네(2019), p15. | 원서명: 《Morning and Evening》

적 지위나 명성, 경제력 면에서 큰 격차가 나도, 유식한 말로 주변 사람들과 나 사이 분산값과 표준편차가 큰 것 같아도, 너무 괘념치 않아도 된다. 흰머리가 늘고, 몸이 무거워지는 건 모두 매한가지다. 누구든 깜냥껏 자신만의 흔적을 남기고 살면 된다. 소설 속 이야기 처럼, 결국 사람은 가고, 사물만 남을 뿐이다. 마지막 순간, 나의 죽음을 애도해 줄 단 한 사람만 있다면, 그 삶은 축복받은 것이리라.

2015년, 이승철은 〈시간 참 빠르다〉를 발표했다. 그의 데뷔 30주년 앨범 수록곡이다. "좋았던 그때가 아팠던 그때가 마치 어제 일인 것 같고, 떠나간 그대가 아직 내 옆에 있는 것 같아, 시간 참 빠르다"는 노랫말이 인상적이다. 이 노래의 작곡은 젊고 세련된 감각의 신사동 호랭이가 맡았다. 그 무렵, 이승철은 유희열의 스케치북에 출연해 노인분장을 하고 노래를 불렀다. 노래하던 내내 눈물은 멈추지 않았다. 감정이 복받쳤을 테지만, 후회의 눈물은 아니었으리라. 오히려, 같은 일을 오랜 시간 지속할 수 있음에, 신이 주신 재능으로 삶의 부침을 다 이겨낼 수 있었음에 감사하는 의미가 크지 않았을까.

그동안 그는 아버지를 위한 노래 〈빈터〉, 그리고 어머님을 향한 사모곡 〈마더〉로 먼저 떠나간 부모님을 위한 자리를 남겨두었다. 이제, 본인의 황혼 녘이 다가옴을 받아들인 후 〈시간 참 빠르다〉를 만든 것이라는 생각도 든다. 데뷔 30주년이라는 특별한 마음가짐으로 준비한 앨범이지만, 결과는 신통치 않았다. 하지만 이게 끝은 아니다. 잘되든 그렇지 않든, 때 되면 또다시 음악을 만들고 노래를 부르면서, 그는 어제와 크게 다르지 않은 40년 차 오늘을 살고 있다. 그것으로 충분하다. 또한, 그의 재능은 막내딸에게 고스란히 전달되어 있으니, 이 역시 자연의 섭리다. 그도 요한네스처럼 행복한 인생 2부를 사는 것 같아 다행이다. 단조로운 일상, 밝고 긍정적인 생각이 여전한 건강의 비결이라니, 삶을 긍정하려는 태도는 본받을 만하다.

안타깝게도, 이 노래의 작곡가 신사동호랭이는 41세라는 젊은 나이에 스스로 생을 마감했다. 그는 에일리의 〈U&I〉, 트러블메이커의 〈Trouble Maker〉, 티아라의 〈Roly-Poly〉, EXID의 〈위아래〉 등 수많은 히트곡을 만든 자타공인 최고의 작곡가 중 하나였기에 그의 갑작스러운 죽음은 더 충격이었다. 그는 예전 인터뷰에서 히트곡의 비결을 노력이라고 밝혔다. 어려서부터 음악을 사랑했기에, 스무 살 무렵 가수 오디션에서는 연거푸 물을 먹었어도, 그는 포기하지 않았다. 고심 끝에 작곡가로 전향했고, 오랜 시련의 시간을 견뎌낸 후에 그가 세상에 내놓은 결과물들은 비로소 빛을 보았다.

명성이 더해 가도 특별함 없는 단조로운 일상은 언제나 그대로였다. 그는 새벽 늦은 시각까지 일하더라도, 오전 8시에는 어김없이 눈을 떴다. 꾸준함과 성실함은 부모님에게서 물려받은 고유한 유산이라고 했다. 그러나 그는 스스로 때 이른 저녁을 맞이했다. 저작권 수입이 상당했을 것임에도, 그가 왜 그런 선택을 했는지, 자세한 이유는 알기 어렵다. 단지, 그가 지인들에게 빌려준 돈을 돌려받지 못해 금전적으로 어려움을 겪어 법원에 회생을 신청했다는 기사를 보고, 그의 복잡했을 심경을 조심스레 추측해 볼 뿐이다.

잊지 말자. 누구든 자신만의 때가 오지만, 스러져 다시 아무것도 아닌 것이 되고, 왔던 곳으로, 돌아가기 마련이다. 아침이 오면, 편한 호흡으로 오늘 하루를 보내되, 저녁은 자연스럽게 찾아오도록 두자. 긴 하루를 사는 데 승리나 패배가 있을 리 만무하다. 행여 하루의 어느 때에 〈시련이 와도〉 묵묵히 받아들이도록 하자. 〈아침 그리고 저녁〉은 우리 모두의 이야기다.

실패 이후의 태도

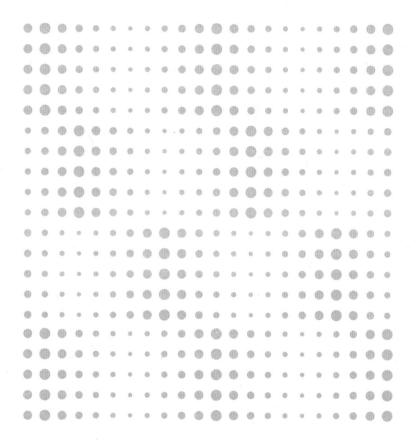

시련이 와도 (2015)

2015년 발매된 이승철 12집 《시간 참 빠르다》의 2번 트랙으로 수록된 곡. 리메이크곡이며, 원곡
자는 CCM 가수 한수지다. 기도하는 마음으로 자신에게 이야기하며 절망 속에 있는 깊고 험한
시련을 걸림돌이 아닌 디딤돌로 받아들이며 나아가자는 내용을 담고 있다.

늘 기업의 CEO들을 만난다. 이런 삶을 산 지도 어느덧 20년이 넘었다. 기업금융이 직업이니, 기업과 CEO에 대한 신용조사와 평가를 하는 일은 나의 일상이다. 그러다 보니, 다양한 유형의 사람들을 보게 된다. MBTI가 유행인데, 나의 경우엔 상대방에게 꼭 묻지 않아도, CEO의 스타일을 파악하는 게 그리 어렵지 않은 일이다. 척 보면 척이다. 열에 아홉은 나의 직관이 맞아떨어진다. 무럭무럭 성장할 것 같은 기업은 실제로 그렇게 되고, 왠지 불안한 기분이 들었던 기업은 얼마 후 여지없이 무너진다. 기업 성패의 핵심 요인이 CEO의 역량임은 두말할 나위가 없다.

그러나 CEO 역량이라는 게 객관적이면서도 주관적인 영역인지라, 교과서적으로 열거하기는 어렵다. 기업 성공의 핵심 요소라는 게 정말 있는 거라면, 그 방식을 따라 누구든 창업하면 될 일이다. 하지만 알다시피 성공방정식은 존재하지 않는다. 기업이 보유한 내부적 역량과 처한 외부 환경은 모두 제각각이니, 상황별 맞춤 전략이 있을 뿐이다. 제아무리 훌륭한 사업 아이템이라 하더라도, 때마침 관련 산업이 쇠퇴기거나, 시장 수요가 부족하거나, 마케팅이 잘못되었다면, 공든 탑도 무너질 수 있다. 수많은 기술 기반 벤처기업, 특허권 등 지식재산권 보유 기업이 수십억대 투자를 받고도, 얼마 못 가서 부도 처리되거나, 폐업하는 것을 지켜보았다. 어느 회사든 설립 후 3~7년 내 도래하는 죽음의 계속(Death valley)이라는 성장통을 이겨내야 계속기업으로 성장할 수 있다.

CEO의 참 역량은 위기의 상황, 즉, 인력난, 영업난, 자금난을 해결하는 과정에서 드러난다. 사실, 기업의 기술력, 영업력, 인적 경쟁력은 전부 자금 유동성과 연결되기에 기업가는 자금난을 해결하기 위해, 때 되면 금융기관을 찾기 마련이다. 마지막 지푸라기라도 잡는 심정으로 SOS를 요청하는 일도 많고, 어쩔 수 없이 요청을 거절해야 하는 경우도 부지기수다. 밑 빠진 독에 물을 부어서는 안 되기 때문이다.

그런데 간혹 위기의 상황에서 거래처와 이해관계자를 속이고, 사적인 이익만 취하려는 CEO도 마주하게 된다. 작정하고 사기 치려는 사람을 당해낼 재간은 없다. 어디든 경찰 있는 곳에는 도둑이 있다. 어엿한 CEO가 하루아침에 사기꾼으로 전락하는 것을 지켜보는 건 언제나 당황스럽다. 열 길 물속은 알아도, 한 길 사람 속은 모른다는 속담을 절감하게 된다. 열에 아홉 제대로 평가하더라도, 열에 하나 잘못 판단하는 경우가 바로 이런 경우다. 차라리 있는 그대로 어려움을 호소하고, 도움을 요청한다면, 행여 원치 않는 결과로 이어진다고 해도, 공공부문의 사회적 역할이라는 명분이라도 있을진대, CEO가 자신의 경제적 이익만을 노리고, 상대를 모두 속이는 기회주의적 행동을 하면 그 파장은 실로 크다.

용산 전자상가에서 컴퓨터 부품 도·소매업체를 운영하던 김 대표가 그러했다. 그는 지난 십수 년간 회사를 꾸준히 성장시키면서 동종업계 관계자들과 거래처들로부터 신뢰를 얻고, 은행과 정책금융 기관으로부터 별도의 담보물 없이도 20억 이상의 기업 여신을 제공받을 정도로 높은 신용을 유지했다. 그러던 그가, 불과 며칠 사이에 회사가 보유 중이던 재고 상품을 덤핑(가격할인) 판매한 후, 사업장 문을 닫고 사라져 버렸다. 6개월 전 마지막으로 지원받은 구매자금 대출 수억 원은 결국, 그의 노잣돈으로 활용되었다. 부리나케 회사로 찾아가 보았지만, 굳게 닫힌 셔터와 방치된 우편물, 독촉장만이 눈에 띌 뿐이었다. 관리사무소에 문의하니, 두세 달 전부터 월세와 관리비도 연체 중이라고 한다. 주채권 은행으로부터도 얼마 전 상품 판매대금이 전액 인출되는 바람에 지난달부터 대출 원금과 이자 연체가 진행 중이라는 소식이 전해졌다. 그와 거래하던 아래층 기업 역시 그래픽 카드 납품 대금 1억 원 이상을 떼였다.

그는 작정하고 모두를 속였다. 위기를 대하는 최악의 태도다. 개인적으로 수억 원을 편취하는 대신, 수많은 거래처와 은행, 카드사, 고객들, 심지어 직원들까지 곤경에 빠트렸다. 성실하고 선량한 기업가에게 제공되어야 할 공적 자금에도 손실을 끼쳤다. 살펴보니, 본인 명의 재산은 이미 처분한 지 오래다. 가족이나 친척 중 누군가의 명의로 세탁해 두었을지도 모른다. 연대보증인 제도가 유명무실해졌으니, 이제 채권자가 CEO 개인에게 채무상환 독촉을 할 수도 없다. NPL(부실 채권) 담당자가 하루 세 번 이상 전화하거나, 저녁 시간 이후 그의 집 초인종이라도 잘못 눌렀다가는 도리어 처벌받을 수 있다.

경기침체와 인플레이션, 고금리의 장기화로 인해 영세 소상공인과 중소기업, 서민층이 어려움을 겪고 있다. 선거철이 다가오면, 전가의 보도처럼 신용 대사면 이야기도 나온다. 방향성에는 찬성

한다. 누구나 경제적 어려움을 겪을 수 있기 때문이다. 부동산 투자든, 주식 투자든, 코인 투자든, 창업이든 도전했다가 실패할 수 있다. 더구나, 사업은 성공보다는 실패할 확률이 훨씬 더 높다. 그렇다고, 창업을 막을 수는 없다. 창업이 지속되지 않으면, 사회는 퇴보하기 마련이다. 그러나 어떤 경우든 도덕적 해이만큼은 막아야 한다. 고의적 실패자에게까지 재기의 기회를 주는 일은 없어야 한다. 회생, 파산, 면책 제도는 자본주의 최후의 파수꾼 역할을 하지만 그것은 어디까지나 성실한 실패자, 타인에게 의도적인 손실을 입히지 않은 사람에게만 적용되어야 한다. 천편일률적인 기준 말고, 개별적으로 판단해야 한다. 악마는 디테일(Detail)에 숨어 있다.

실패 이후의 태도가 중요하다. 일시적 시련이 영원한 실패로 이어지지 않아야 하기 때문이다. 솔직하게 어려움을 인정해야 다음을 기대할 수 있다. 숨지 말고, 차라리 먼저 상대방을 찾아가 지금의 상황을 설명하고, 이해를 구해야 한다. 물론, 돈 문제라면 이해받지 못할 가능성이 크다. 하지만 달리 방법은 없다. 비난과 비판을 온몸으로 받아내는 용기야말로 CEO가 갖추어야 할 제일 덕목이다. 있는 재산 내어놓은 후 워크아웃이든 회생이든 신청해야 채권자와 거래처, 임직원의 동의를 구할 수 있다. 설령 실패하더라도 전화기를 켜두어야 다음이 있다.

2015년, 이승철은 데뷔 30주년을 맞이해 12집 앨범《시간 참 빠르다》를 발표했다. 〈시련이 와도〉는 그중 한 곡이다. 그의 인생이야말로 시련의 연속이라 할 수 있으리라. 그는 스무 살의 나이에

'부활'의 리드싱어로 데뷔하자마자 화려한 스포트라이트를 받았지만, 이내 숱한 시련도 겪었다. 전성기를 보내다가 한순간에 추락한 적도 있다. 실수도 있었다. 그러나 그는 숨거나 피하지 않았다. 잘못에 대한 대가를 치른 후에도 마냥 두문불출하지 않고, 이내 본연의 자리로 돌아갔다. 그리고 노래하며 40년을 버텨 냈다. 강한 자가 버티는 게 아니라, 버티는 자가 강한 것임을 시간으로 증명하고 있다.

방송 출연 정지 기간 수년 동안 콘서트를 계속해 우리나라 가수 중 최초로 라이브의 황제라는 타이틀을 얻었다. 사죄의 의미로 공연 수익금의 상당액은 심장병 어린이 돕기에 쾌척했다. 누군가는 이미지 세탁이라 욕할지언정, 꾸준히 하다 보니 어느덧 선한 영향력은 그가 수십 년간 공연을 지속할 수 있는 원동력이 되기에 이르렀다. 아프리카 차드 우물 짓기, 탈북 청소년 합창단과의 독도 공연, UN 공연 등은 30년 된 심장병 후원 콘서트의 연장선에 있다.

공교롭게도, 이승철 30주년 기념 앨범은 상업적으로 성공하지 못했다. 그가 직접 작사, 작곡, 편곡, 프로듀싱에 깊이 관여하고, 신인 작곡가들의 곡을 과감히 수용했는데도, 결과는 신통치 않았다. 경륜과 도전이라는 투 트랙 전략으로 앨범 제작에 심혈을 기울였지만, 대중의 반응은 기대 이하였다. 불과 2년 전 발표했던 〈My Love〉의 큰 성공과도 대비되는 결과였으니, 그로서는 예상치 못한 시련이었으리라.

〈시련이 와도〉는 앨범 수록곡 중 유독 그가 애정을 쏟았던 1번 트랙이다. 절망 속에 겪는 깊고 험한 시련이라도, 결코 걸림돌이 아 닌 디딤돌로 받아들이며 나아가자는 노랫말을 담고 있다. 기도하 는 마음으로 CCM 곡을 리메이크했다고는 하나, 꼭 종교적으로 받 아들일 필요는 없다. "나의 길에 험한 산과 깊고 깊은 바다 같은 시 련이 와도, 나의 능력을 믿고, 어두움에 홀로 슬피 울지 말고 디딤 돌 벗 삼아 앞으로 나아가자"라는 가사는 울림이 크다. 그는 이 노 래에 간절함이 필요할 것 같아서 일부러 목소리 상태가 안 좋을 때 녹음했다. 덕분에 더 애절하고 간절한 마음이 전해진다.

그런데 가수는 노래 제목 따라간다는 속설 탓인지 〈시련이 와 도〉는 상업적으로는 시련을 겪었다. 하지만 뭐 어떤가. 그는 40주 년을 눈앞에 둔 현역 가수로 여전히 왕성하게 활동 중이고, 이 앨 범 역시 그의 소중한 역사로 기록되어 있으니 〈그것만으로〉 충분 하다. 천하의 이승철이 정성을 다해 부른 노래도 잘 안 됐다고 하 니, 오히려 시련을 담은 노랫말이 더 크게 다가온다. 시련이라는 게 우리네 삶에 익숙하기 때문이리라. 그도 별수 없이 평범한 인간 중 한 명이라는 사실이 새삼스레 다가온다. 가요계의 전설 소리를 듣 는 그가 발표하는 노래도 심심찮게 〈외면〉받는다. 그렇다고 내가 부른 노래의 가치를 대중이 몰라준다고 줄곧 심드렁해하거나, 계 속 새로운 시도를 하지 않았더라면, 그는 아마 진즉 흘러간 가수로 사라졌을 것이다.

다시, 실패 이후의 태도가 얼마나 중요한지 깨닫게 된다. 회사 원도, 가수도, 사업가도, 정치인도 모두 시련을 겪는다. 하지만 모두가 김 대표처럼 몰래 숨지 않는다. 누구나 자기가 처한 어려움이 세상에서 가장 힘들다고 여긴다. 그러나 각자가 짊어진 삶의 무게는 공평하다. 본인이 감당해야 할 짐을 남에게 전가해서는 안 된다. 그래야 다음이 있다. 측은지심(惻隱之心)과 공감(共感)은 실수와 잘못을 인정하는 자에게 주어지는 선물이다. 사는 한, 시련은 불가피하다. 어두움에 홀로 슬피 울지 말고 디딤돌 벗 삼아 앞으로 나아가려는 한, 시련 앞에 솔직해야 할 일이다.

밴드 마스터의 어깨

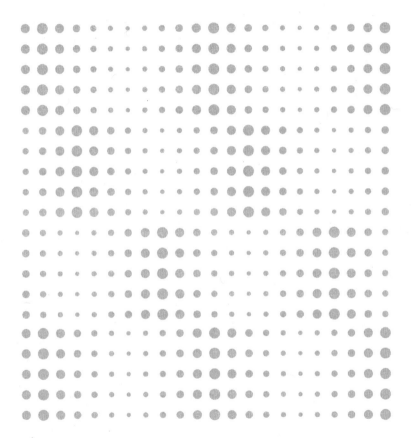

일기장 (2016)

2016년에 발매된 이승철 싱글곡. 이승철의 팬인 작곡가 용감한 형제가 그가 불러 주길 희망하며 작곡한 곡이다. 2년간 묵혀 두다가 TV 예능 《나 혼자 산다》에서 이 사연을 공개했고, 방송을 본 이승철 측에서 연락을 취해 발매될 수 있었다. 같은 해 발매된 라이브 앨범 《The Best Live / World Tour》의 마지막 12번 트랙으로도 수록되었다.

바야흐로 대혼돈의 시대다. 함부로 아파서도 안 된다. 행여 갑자기 쓰러지기라도 하면, 응급치료받을 종합병원이 부족하다. 정부와 의사협회가 권한, 책임, 명분, 실리를 두고 지난한 싸움을 하는 사이, 애먼 시민들의 생명권만 위협을 받고 있다. 안타깝게도 이런 어처구니없는 상황도 오랜 시간 이어지니, 그다지 큰 뉴스거리가 되지 못한다. 찢어진 이마를 치료하기 위해 응급차에 타고도 무려 12곳의 병원으로부터 거절받았다는 어느 유력 정치인의 하소연도 묻히기에 이르렀다. 정말 아파도 찾을 병원이 없을 정도로 각자도생의 시대가 도래한 것일까.

비단 의료 시스템만 문제가 아니다. 최근에는 누구나 사용하는 온라인 쇼핑몰 시스템에도 커다란 균열이 생겼다. 티몬과 위메프, 이른바 티메프 사태로 인한 피해 금액이 무려 1조 원을 넘는다. 티몬 할인 쿠폰을 활용해 생애 첫 효도 여행 상품을 구매한 사람들이 여행은커녕 결제 대금마저 환불받지 못하고 있다는 어처구니없는 사연이 속출했다. 꿈이 사라진 자리는 분노가 차지하고 있다. 돈이 눈 녹듯 사라지다니, 귀신이 곡할 노릇이다. 컴퓨터, 휴대전화, 가전제품 등 고가의 상품을 온라인에서 판매한 사업자들의 경제적 피해는 훨씬 심각하다. 많게는 기업당 수십억 원을 정산받지 못했다. 티몬과 위메프가 7월에 지급불능을 선언하고, 바로 기업회생을 신청했으니, 5월 판매 대금부터 전부 미정산 상태다. 대금 정산은 사실상 물 건너갔다. 티몬과 위메프는 기업들의 2달 치 상품 판매 대금 약 1조 원을 소비자들로부터 결제받은 뒤, 이 돈을 전부 다른 데 써버렸다.

나스닥 상장 추진 자금이니, 회사 인수 대금이니, 광고 홍보 자금이니 말은 많지만, 명확하게 밝혀진 것은 없다. 최고경영진들은 개인 재산 출연을 해서라도 사태 해결을 위해 최선을 다하겠노라 약속하지만 그저 말의 향연일 뿐이다. 2개월이면, 개인 재산을 처분해 스위스 계좌에 넣어 두거나, 비트코인 지갑에 은닉하기에도 충분한 시간이다. 물론, 성실한 실패자라면 그런 기회주의적 행동을 하지 않았을 것이다.

연간 수십억, 수백억의 매출액을 달성 중인, 탄탄한 재무구조를 지닌, 수십 명, 수백 명의 직원을 고용 중인, 중소·중견기업들이 고스란히 흑자 부도의 위기에 처했다. 혹자는 그러기에 왜 자본잠식에 처한 티몬이나 위메프 같은 쇼핑몰과 거래하냐며, 기업들 스스로 책임질 사안이라 비판하기도 하지만 그건 억지다. 수백만 명이 매일 상품과 서비스를 사고파는 유명 플랫폼은 이미 우리 사회의 공인된 네트워크라고 믿어도 무방하다. 판매자와 소비자 간 거래 비용을 절감시켜 주는 대형 온라인 쇼핑몰에 문제가 생긴다면, 그건 사회 시스템의 문제라고 해도 과언이 아니다. 이대로 방치하면, 우리는 정말 기댈 곳 하나 없는 각자도생의 시대를 살아야 한다.

망연자실한 기업가들의 원성이 나의 귓가에도 전달됐다. 정부 당국자 미팅, 지역구 국회의원 면담, 언론사 인터뷰를 한다고 해서 당장 메마른 회사 곳간이 채워질 리 없다. 기획하고, 구매하고, 생산해서 상품을 판매한 결과가 대금 회수 불능, 플랫폼의 파산 선언이라니, 눈 뜨고 코를 베인 격이다. 우리 사회를 지탱하는 중소기업들이 전혀 상상하지 못한 흑자 부도라는 아이러니(Irony)를 떠안고 사라질 위기다. 이들뿐만이 아니다. 피해 기업의 임직원과 주주들, 이들과 거래 중인 매입 매출 거래처들, 티몬·위메프 외상매출금을 담보로 운영자금을 선정산해 준 은행들, 이 기업들로부터 부가가치세와 법인세를 받아 나라 살림을 꾸려야 하는 세무 당국에 이르기까지, 선의의 피해자들이 꼬리에 꼬리를 물고 이어진다. 피해 금액은 날로 증가세다.

선택의 시간이다. 책임질 자들은 분명히 가려내 처벌하고, 피해 기업 중에서 유동성을 공급하면 현재의 일시적 어려움을 이겨내고 계속기업으로 생존할 수 있을 법한 회사들을 가려내 신속하고 과감하게 지원해야 한다. 이는 단순히 회사 하나를 죽이고 살리는 문제에 그치지 않는다. 아이러니하게도, 바로 지금이 포기하고 싶은 억울한 피해자들에게 믿고 의지할 최후의 보루, 즉 국가적 시스템이 존재함을 알릴 증명의 시간이다. 병원과 기업은 사람의 삶과 죽음을 다룬다는 점에서 비슷하다. 공교롭게도 지금은 의료분야와 경제 분야 모두 정부의 적극적이고 지혜로운 역할이 빛을 발해야 할 시기라는 공통점이 있다. 언뜻 각자도생하는 것처럼 보여도, 실타래처럼 얽히고설킨 우리는, 결국 같은 하늘 아래 같은 시대를 산다.

2016년, 이승철은 〈일기장〉을 발표했다. 이루어지지 못할 짝사랑의 아픔을 써 내려 가지만, 혼자만의 사랑은 일기장에 점, 점,

점, 점만 찍다가 마침내 끝나고야 만다는 슬픈 노랫말을 담은 발라드곡이다. 지천명의 나이(50)에 이른 가수가 부르기엔 다소 어색한 가사일 수도 있겠다. 진성과 가성을 자유롭게 넘나드는 이승철의 가창이 여느 때보다 두드러지는 화려한 멜로디의 곡이기는 하지만 그의 실력과는 별개로, 〈일기장〉은 대중적으로 큰 반향을 일으키지 못했다.

당대의 작곡가 겸 프로듀서인 용감한 형제가 이승철을 향한 오랜 팬심을 고백하며, 그를 위해 만든 인생 최초의 발라드곡이 〈일기장〉이라고 밝힌 에피소드가 방송을 탔다. 이 내용을 전해 들은 이승철도 기분 좋기는 마찬가지였으리라. 들어보니 멜로디도 맘에 들었다. 그에겐 히트곡을 감별하는 좋은 귀를 가졌다는 자부심도 있었다. 이쯤 되면 〈일기장〉의 메가 히트는 따 놓은 당상이었다. 하지만 인생은 예상대로 흘러가지 않는다. 때로는 완벽하게 조성된 환경이 성공을 가로막는 걸림돌이 되기도 한다. 인생의 묘미는 의외성에 있다고 했던가. 30년 차 라이브 황제의 〈일기장〉은 결국 제목처럼 품 안에 소중히 간직하고픈, 그러나 한편으로는 감추고도 싶은 일기장 같은 노래로 남게 되었다.

자신을 향한 헌정(Tribute), 오마주의 뜻이 담긴 곡을 받을 정도의 위치에 선 사람이기에, 기대 이하의 성적표를 받아 든 거장의 어깨는 한층 무거웠을 터다. 겉으로는 애써 덤덤한 척한다지만, 속까지 편할 수는 없다. 더구나, 그는 더 이상 혼자가 아닌 밴드 마스터 아니던가. 그는 아내와 딸들을 책임져야 할 한 집안의 가장임과 동시에 전속 매니저, 엔지니어, 편곡가, 작곡가들을 품 안에 둔 기획사의 수장이자, 이승철과 황제라는 거창한 이름을 내걸고 활동하는 밴드의 마스터이기도 하다. 여느 기업가와 다를 게 없다. 늘 일거리(행사, 방송, 무대)를 찾고, 때 되면 새로운 상품(앨범, 콘서트)을 기획하고 출시해야 하는 최고경영자다.

매달 인건비와 일상적인 비용은 오롯이 그의 몫이다. 밴드 멤버들은 최고의 가수와 함께하는 일류들이기에 남보다 더 좋은 대우를 해줘야 한다. 경력이 쌓일수록 품위유지비도 늘기 마련이다. 동료 후배 가수들과 식사라도 한다 치면, 명색이 이승철이 어디 가서 밥 얻어먹고 다닌다는 얘기가 나와서는 안 된다. 그에게 의지하는 사람은 늘어도, 그가 기댈 곳은 줄어든다. 밴드 마스터는 외롭고, 무섭고, 버겁다.

큰맘 먹고 남을 속이려고 작정한 일부 몰지각한 사기꾼들을 제외하면, 성실하고 책임감 있는 상당수의 CEO는 자신의 모든 것을 저당 잡힌 채 사업을 영위한다. 따라서, 한번 기업인의 길에 들어서면 웬만하면 빠져나갈 도리가 없다. 설령 이기적인 욕심만으로 시작했다 하더라도, 회사가 성장할수록 책임져야 할 몫과 의무감이 늘어나게 마련이다. 자신의 의지와는 상관없이 그렇게 나아가게 된다. 기업의 사회적 책임, ESG 경영 같은 시대적 성취물도 기업경영의 과정에서 자연스럽게 따라오는 부산물이다.

서는 위치에 따라 보이는 풍경이 달라진다. 돈으로 매길 수 없는 보람과 만족감, 여기서 파생되는 사회를 향한 자발적 책임감이

있기에, CEO 그리고 밴드 마스터는 설령 외롭고, 무섭고, 버거워
도, 예고 없이 찾아오는 위기를 피하지 않고 정면으로 마주한다. 대
혼돈의 시대, 바로 지금이 사회 시스템이 아직 붕괴하지 않았음을
증명할 수 있는 골든타임이다. 기업가정신을 지켜야 한다.

너무 늦은 시작이란 없다

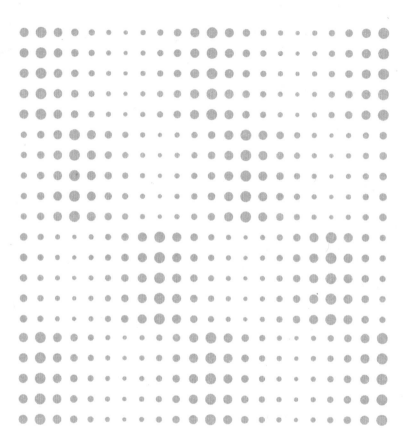

우린 (2021)

〈우린〉은 2021년 발매된 이승철 35주년 기념 두 번째 싱글 앨범이다. 첫 번째 앨범은 소녀시대 태연과 함께한 〈My Love〉이며, 이승철의 대표곡 중 하나인 〈긴 하루〉를 작업한 전해성이 작사·작곡했다. 두 번째 싱글곡 〈우린〉은 악동뮤지션의 이찬혁이 직접 작사·작곡한 곡으로, 싱어송라이터 이찬혁은 이승철과 곡의 방향성에 대하여 많은 이야기를 나누며 깊은 고민과 함께 곡을 작업했다고 전해진다.

십여 년 전, 점심 식사 후 사무실 근처를 지나가다가, 커피숍 창가에 붙여진 문구를 보았다. "커피, Bitcoin으로 결제 가능". IT 부서에서 일하는 후배로부터 이야기 들었던 비트코인의 실체를 확인한 순간이었다. 생각해 보니, 옆자리 선배도 언뜻 비트코인 얘기를 했던 적이 있었다. 그런데 그 선배는 나처럼 전형적인 문과 출신 사무직인지라, 자세히 알지는 못하는 눈치였다. 코인 지갑을 만들어 직접 거래하지 않는 이상, 비트코인을 자세히 이해하는 데는 한계가 있었을 터다. 아는 것과 실행하는 것의 차이도 크다. 내심 궁금했지만, 알량한 자존심에 더 묻지 못했다. 커피숍에 다시 가서 사장님께 물어볼까도 했지만, 그 역시 생각뿐이었다.

나는 30대 중반에 이미 꼰대가 되어 있었다. 회사 밖은 지옥이라고 여기며 내가 다니는 회사가 세상 전부라 믿어 의심치 않았다. 세상은 빛의 속도로 변하는데, 나는 여전히 닫힌 세상을 살고 있었다. IT 부서 후배가 블록체인 기술에 대해 무료로 설명해 주는데도, 귀를 닫고, 근로소득의 정통성에 대한 일장 연설을 늘어놓던 게 바로 나였다. 과거에 갇힌 자에게, 미래의 문이 열릴 리 만무하다.

물론, 옳고 그른 건 없다. 10년이 지난 지금까지도 비트코인의 가치에 대한 의견은 분분하다. 여전히 자본주의의 기세는 등등하지만 그와 동시에 성실한 근로소득자들의 정년 연장에 대한 논의도 한창이다. 누군가의 피해를 전제로 하는 주식, 부동산, 코인 투자 등 재테크를 멀리하는 것도 삶의 태도 중 하나다. 다만, 세상의 흐름을 빠르게 이해하기 위해 노력하고, 배운 바를 적극 실천하는 사람들을 욕해서는 안 된다. 부러우면, 차라리 지금부터라도 공부하는 편이 낫다. 부러우면 지는 게 아니라, 눈과 귀를 닫으면 지는 거다. 블록체인 기술과 비트코인의 미래에 대해 확신했던 IT 부서 후배는, 결국 십수억 대부자가 되어 회사를 그만뒀고, 나는 이십 년 이상 같은 회사에 출근하는 중이다. 커피숍 사장님은 건물주가 됐다는 후문이다. 머뭇머뭇하던 선배도 역시나 나처럼 성실하게 근무하고 계신다.

일찍이 공자님이 말씀하셨다. 모르는 게 있으면, 부끄러워하지 말고 아랫사람에게라도 물어야 발전한다고 말이다(不恥下問). 중요한 건 자존심이 아닌 자존감이다. 남에게 어떻게 보이는지가 아니라, 어떻게 살 것인지에 집중해야 한다. 부족하다고 느끼면 배워야 한다. 평소에 밥 사 주고, 커피도 사 주던 선배가 배움을 요청한다면, 후배는 분명히 없던 시간까지 내서 흔쾌히 응답할 것이다. 운이 좋으면 후배가 자기 돈으로 비트코인을 사서 선배의 지갑에 넣어 줄지도 모른다. 가르침은 행복한 일이다.

후배의 퇴사 이후 빈 지갑의 공허함도 달래고, 더 늦기 전에 머리라도 채워야겠다는 결심으로 대학원에 진학했다. 그러나 통계 실력이 부족한 탓에 대학원 생활 내내 큰 부담감이 있었다. 이론 중심의 수업, 논문 읽기에는 별다른 어려움이 없었으나 통계 수업은 늘 마음의 짐이었다. 경영학을 포함한 사회계열 논문은 대부분 통계로 답해야 하기 때문이다. 질문하는 것이 철학의 영역이라면, 화두(질문)를 던진 후 증명까지 하는 것이 논리(학문)의 영역이다.

변명거리가 없지는 않았다. 회사 업무 특성상 통계 프로그램 활용 능력이 그다지 필요가 없었다. 고객과의 대면 업무 위주로 10여 년의 직장 생활을 해왔기에 다른 누군가가 이미 만들어 놓은 틀에 맞게 빈칸 채우기만 하면 충분했다. 나의 업무는 창조적이라기보단, 미시적이고 직관적인 일이었다. 통계와 확률로 답을 찾는 일이라기보단, 성공확률이 낮더라도 그 안에서 회복탄력성, 성장 가능성을 보유한 기업을 찾는 일이었다. 어쩌면, 내 일은 통계에 반하는 것인지도 모르겠다. 그렇다 하더라도, 이러한 태도는 스스로 외연 확장에 한계를 두는 것이다. 통계와 확률을 알아야 다음번 의사결정에 자신감이 생기는 법이다. 모르면 묻고 배우는 것이 부끄러운 일이 아니다. 그래서 나이 마흔에 상아탑으로 돌아오지 않았던가. 더는 닫힌 세계에만 갇혀 지낼 수는 없는 일이었다. 체면만 차리고, 우물쭈물하다가는 또 후회할 것이 분명했다.

이번에도 나의 스승은 나보다 어렸다. 그는 이른바 통계 전문가였다. 경영 컨설팅 회사에서 기초 자료를 토대로 통계 분석하는 것을 주업으로 삼는 경력자였다. 대학원 과정도 막바지에 이르러 경영학 전반에 걸쳐 이론적으로도 상당한 수준에 올라 있었다. 교수님의 위임을 받아 통계 수업도 대신할 정도였으니, 그의 실력은 의심할 여지가 없었다. 농담 삼아, 웬만한 통계는 왼손, 아니 발로도 돌린다는 얘기가 나올 정도였다. 문제는, 그가 다소 거만하고 직설적이라는데 있었다. 고심 끝에 하나를 물어보면, 어떻게 그런 상식 이하의 질문을 하느냐는 표정과 말투가 고스란히 전해졌다. 마음의 상처도 받았다. 하지만 어쩌랴. 혼자서는 밤새워 고민해도 답이 안 나오는 것을. 기왕 이렇게 된 거, 가급적 시간을 끌지 말고, 단기간 내에 최대한 많이 질문하고 실력을 키워야겠다고 다짐했다. 우리 둘 모두를 위해 그게 최선이었다.

스승의 그림자도 밟지 말라는 격언은 무시했다. 한 학기 동안은 그의 그림자만 밟고 다녔다. 밥과 술, 커피는 물론, 힘겹게 끊었던 담배도 함께 했다. 통계 비법을 배우는 데 맞담배만 한 것도 없었다. 총각이었던 그는 주말을 연구실에 나와 보내곤 했는데, 나도 어쩔 수 없이 주말을 반납해야 했다. 아침 일찍 나와 지난주에 배운 내용을 복습하고 있으면, 뒤늦게 그가 출근해 힐끗 쳐다보고 한 마디씩 더해 주는 식이었다. 당시에는 잘 몰랐지만, 시나브로 나의 실력은 향상되고 있었다. 그해 겨울, 나는 위계적 회귀분석 프로그램을 활용한 논문을 완성한 후, 무사히 대학원을 졸업했다. 동기 중 나이가 가장 많았지만, 졸업은 가장 빨랐다.

2021년, 이승철은 데뷔 35주년 기념 싱글 〈우린〉을 발표했다. 예전 히트곡 〈My Love〉를 소녀시대 태연과 듀엣으로 재발매한 데 이은 두 번째 프로젝트였다. 후배들과의 협업을 통해 미래로 나아간다는 취지였다. 이승철의 이번 선택은 악동뮤지션 찬혁이었다. 여러모로 세간에 화제를 불러일으키기엔 충분한 조합이었다. 내로라하는 35년 차 가수가, 무려 서른 살이나 어린 작곡가에게 곡을 의뢰했으니 말이다. 이승철이 〈오늘도 난〉으로 제2의 전성기를 누리던 1996년, 세상에 태어난 찬혁은 어느덧 대형 가수들로부터 숱한 작곡 요청을 받는, 자타공인 음악 천재이자 완성형 싱어송라이터로 성장해 있었다.

명색이 《슈퍼스타K》 심사위원장이 경쟁프로그램(K-팝스타) 참가자에게 먼저 손을 내민 셈이다. 좋게 보면 아름다운 후배 사랑이지만, 어떻게 보면 사실상의 SOS다. 물론, 과거에도 박진영, 타이거 JK, 김범수, 김태우, 아이비, 소녀시대 등 국내 정상급 가수들이 선배 이승철의 25주년 기념 앨범에 참여한 적이 있었다. 하지만 당시에는 후배들이 자발적으로 나서 존경하는 선배의 노래를 리메이크하는 헌정의 성격이 짙었기에, 이번 신곡과는 의미가 달랐다. 게다가, 이번에는 웬일인지 몇 달 동안 찬혁으로부터 응답마저 없었다. 라이브 황제의 자존심이 크게 상했을지도 모를 일이다.

하지만 그가 거절당할 가능성을 전혀 염두에 두지 않았을 리는 만무하다. 거절당할 용기가 바로 자존감이다. 이승철은 말했다. 가수는 늘 하던 음악만 하면 도태된다고. 가수의 목소리는 지문과 같아서 변하지 않지만, 옷을 갈아입듯 늘 새로운 모습을 보여야 한다고 말이다. 수십 년 가수 하면서 얻은 교훈이다. 그가 아들뻘 되는 찬혁에게 기꺼이 도움을 요청한 이유다. 거장은 후배에게 묻는 것을 부끄러워하지 않는다. 사실, 찬혁의 입장에서 부담감은 몇 곱절이었을 터다. 찬혁이 그의 명성을 몰랐을 리는 없다. 찬혁의 어머니도 이승철의 오래된 팬이다. 아들이 이승철로부터 곡 의뢰를 받았다는 소식을 듣고서야, 비로소 아들이 성공했음을 깨달았다고 할 정도니, 찬혁이 대선배의 요청에 섣불리 응할 수는 없었을 것이다.

　기다림 끝에 찬혁은 이승철에게 〈우린〉을 선물했다. "우리가 잊지 못하는 건 추억이에요, 서로가 아니라. 우리가 견뎌야 하는 건 이별이에요, 서로가 아니라"라는 노랫말과 그에 걸맞은 슬픈 멜로디는 역시나 명불허전(名不虛傳)이었다. 오랜 기다림이 전혀 아깝지 않은 답장이었다. 20대 찬혁의 감성은 50대 아저씨의 마른 눈물샘을 터뜨릴 정도로 남달랐다. 이승철은 자존심이 상하기는커녕, 방송국 카메라가 밀착 취재하는 녹음 현장에서 프로듀서 찬혁의 노래 지도를 성실히 수행하는 파격적인 모습으로 자신의 미래 지향성을 증명했다. 같은 노래를 세 번 이상 녹음하지 않는다던 낡은 철칙을 깨고, 이승철은 수십 번, 수백 번의 반복을 통해 노래를 체화했다. 이를 지켜보던 스승 찬혁은 흐뭇해했다.

　두 사람은 유희열이 진행하는 음악 프로그램에 함께 출연했다. 스튜디오 녹음 현장을 벗어나 무대 위에 함께 서자, 이번에는 제자 승철이 스승이 된다. 1999년 히트곡 〈오직 너뿐인 나를〉을 나누어 부르는데, 아무래도 찬혁의 노래는 어색했다. 박자와 음정의 문제라기보다는, 연륜과 깊이의 차이리라. 그러나 승철은 찬혁을 흐뭇하게 바라보며, 그저 웃음 지을 뿐이다. 《슈퍼스타K》 심사위원장의 위세는 오간 데 없다. 곡 하나를 사이에 두고, 스승과 제자의 자리는 뒤바뀐다. 알량한 자존심은 중요치 않다. 천하의 이승철도 미래의 리더 앞에서 고개를 숙인다. 다음번 목표와 과정이 중요하다. 부족하면 누구에게라도 배우면 된다. 존경은 다음 세대에게 묻고, 듣고, 수용하는 사람의 것이다. 너무 늦은 시작이란 없다.

수술 후 각성

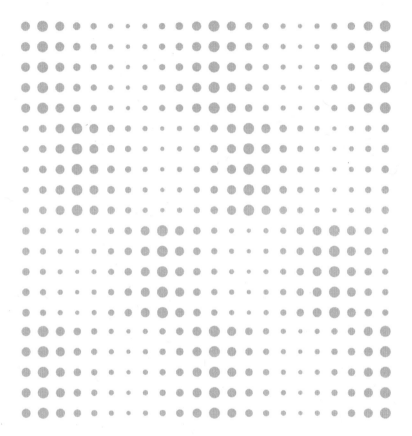

비가 와 (2024)

〈비가 와〉는 3년 만에 발매되는 이승철의 디지털 싱글곡이다. 2024년 6월에 발매된 이 디지털 싱글은 13집 정규앨범과 40주년 기념 스페셜 앨범으로 이어지는 프로젝트의 첫 시작이다. 미디엄 템포의 모던락 장르로 떠나보낸 사랑을 기다리는 마음을 담았다.

왼쪽 눈이 잘 보이지 않는다. 오른쪽 눈을 가리면, 문밖으로 한 발도 나서지 못할 정도다. 문제는 안경을 써도 시력 교정이 되지 않는다는 점이다. 어렸을 때 수술하거나, 치료했어야 했다는데, 사실 예닐곱 살의 천방지축이 눈이 나쁘다는 사실을 스스로 인식하기도 어려울뿐더러, 부모님 역시 겉으로 잘 드러나지 않는 아들의 속사정을 제대로 알았을 리 만무하다. 누구든 오장육부 중 한두 곳의 기능은 남들보다 좋지 않다고 하니, 타고난 운명이라고 생각하면서 살아왔다. 때를 놓쳤다는 이유로 속상해하고, 억울해하는 것보다는 통제하기 힘든 운명이 있음을 받아들이고, 그런 운명마저 사랑하는 것이 한층 미래지향적이라는 믿음으로 살아가야 한다. 피할 수 없으니 받아들이는 수밖에.

45년 이상을 한쪽 눈에만 의지한 채 살다 보니, 불편한 점이 많았다. 특히 반사신경이 문제인데, 왼쪽에서 무언가 날아오면 피할 겨를이 없었다. 축구공, 농구공, 야구공을 맞았던 적도 여러 번이다. 2배의 일을 해야 하는 오른쪽 눈은 늘 충혈되어 있었다. 사람들이 나를 보면, 늘 피곤해 보인다고 말하는 데는 그만한 이유가 있었다. 그렇다고 모든 이들에게 나의 사정을 일일이 설명할 수는 없는 노릇이었다. 일 중독자로 오해받는 것도 썩 나쁜 경험은 아니니, 단점이 장점으로 보일 때도 있구나 하고 넘겨왔다. 브라운아이즈(갈색 눈)는 나의 트레이드마크가 된 지 오래다.

40대가 되어 대학원 생활을 했다. 작은 글씨의 영어 논문과 PDF 파일을 자주 읽다 보니, 그나마 잘 보이던 오른쪽 눈마저 점점 나빠지기 시작했다. 안경 도수는 점점 올라갔고, 급기야 최근 1년 사이에는 근시, 노안, 백내장이 3종 세트로 찾아와, 난 거의 눈뜬장님이 되어버렸다. 또래들보다 최소 5년은 빠르게 눈의 노화가 시작된 셈이다. 주변의 반응은 한결같다. 벌써 노안(노화)이 시작된 거야? 5년 빠른 경제적 자유도, 5년 빠른 승진도 아닌, 5년 빠른 노화라니. 우울감에 빠지던 찰나, 또다시 때를 놓쳐서는 안 된다는 위기감이 발동됐고, 나는 망설임 없이 어릴 적 짝꿍 선호를 찾아갔다.

고등학교 동창 선호는 안과 의사다. 그는 서울대 의대를 최우수 성적으로 졸업한 천재다. 우여곡절 끝에 의대 교수를 그만두고, 몇 해 전 고향에 안과병원을 개원했는데, 그사이 자리 잡은 병원은 발 디딜 틈이 없을 정도로 북새통이다. 당연하다. 그는 실력이 뛰어난 의사이기 때문이다. 그 흔하다는 과잉 진료도, 수술 권유도 없다. 천재 특유의 냉소적인 면모는 수십 년이 지난 지금까지도 여전하지만 아무려면 어떤가. 환자를 대하는 친절한 미소와 미사여구보다, 의사는 진료와 치료, 수술 결과로만 말하면 된다. 언젠가, 선호는 나의 눈 사정을 알게 되었고, 만약 본인이 안과의사가 된다면, 내 눈을 치료해 주겠다고 말한 적이 있다. 그때의 말을 선호가 지금껏 기억할지는 모르겠으나, 나는 한 번도 잊은 적 없는 기다림이었다. 어쩌면 나에게도 새로운 세상이 보일 수도 있겠구나! 가능성의 실현 여부와는 별개로, 희망만으로도 오랜 시간을 버틸 용기가 생긴다. 25년을 기다린 나는, 편안한 마음으로 나의 운명을 선호의 손끝에 맡겼다.

　오른쪽 눈동자의 상처와 흔적을 제거하고, 다초점 콘택트렌즈를 넣었다. 아직도 초점이 잘 맞지 않는다. 그러나 차분히 나의 때를 기다릴 준비는 되어 있다. 서두를 필요 없다. 선호의 설명으로는, 이제 적당한 거리를 두어야 사물도 글씨도 보인다고 한다. 나의 적정거리는 60센티에서 1미터 정도. 사람마다 다소 오차가 있단다. 똑같은 수술을 해도, 저마다의 적정거리에 차이가 난다는 점이 새삼스럽다. 세상을 바라보는 시각이 모두 다르다는 뜻으로도 읽혔다.

　앞으로는, 너무 가까워도 너무 멀어도 초점이 흐려져 뿌옇게 보일 거란다. 말 그대로 불가근불가원(不可近不可遠)이다. 너무 가까이도 너무 멀지도 않게, 적당한 거리를 두고 살아야 하는 운명이 시작되었다. 마음이 차분해진다. 억지스럽고, 번잡스러운 인연은 정리해야 할 때가 됐다는 생각에 기쁘다. 수술을 핑계로, 앞으로는 만남도 모임도 자제하고, 가족들과 함께하는 시간을 늘려야겠다. 찾아오는 사람은 기꺼이 맞이하되, 떠나가는 사람은 굳이 붙잡지 않기로 한다. 단순한 것이 최선이다. 나의 운명을 사랑하기로 결심한다(Amor fati).

　2024년, 이승철은 3년 만에 신곡 〈비가 와〉를 발표했다. 그가 직접 노랫말을 붙이고, 편곡한 곡이다. 비가 내리는 날, 떠나간 연인을 그리워하는 애절한 심정을 담고 있는 가사인데, 오히려 곡의 템포는 경쾌하고, 가수의 가창도 밝다. 멜로디는 귀에 쏙 들어올 만큼 단순하고, 후렴구의 반복 부분은 따라 부르기도 좋다. 유튜브를

보니 쉬운 안무도 고안해 낸 듯하다. 이 곡이 사람들 사이에서 얼마
나 화제가 될지 예측하기는 어렵지만, 처음부터 끝까지 노래가 어
렵지 않다는 점에서 개인적으로는 만족한다.

데뷔 39년 차 베테랑 가수의 여유가 물씬 풍긴다. 아이돌 가수
가 뮤직비디오의 남자 주인공으로 출연한 걸 보면 제작비도 만만
치 않았을 것 같다. 기존의 올드팬뿐만 아니라, MZ 세대에게도 노
래가 널리 불리기를 바란 듯하다. 그는 지코가 진행하는 음악 프로
그램에 나가 청춘들에게 신곡을 홍보하고, 문세윤의 유튜브《전부
노래 잘함》에도 깜짝 출연해서 북서울 숲을 찾은 여러 세대의 관
객들에게 1시간 동안 무료 라이브 공연도 진행했다. 가수 혼자 음
원을 들고 나간 게 아니라 밴드 전원이 참석해 모든 곡을 라이브로
연주했으니, 10만 원도 훌쩍 넘을 콘서트 티켓을 무료로 배포한 셈
이다.

인심은 곳간에서 난다. 여유로운 표정, 밝고 경쾌한 멜로디의
신곡, 숲속 무료 라이브 공연은 사실 자신감에서 비롯된 것이다. 또
한, 그의 현재는 숱한 위기의 극복과 각성을 통해 만들어 낸 결과
물이자, 그가 개척한 운명이기도 하다. 이승철은 몇 해 전 오랜 기
간 그를 괴롭혀 온 성대 폴립 제거 수술을 했다. 지금은 널리 행해
지는 수술이지만, 한때는 목소리로 밥벌이하는 가수들 사이에서
자칫 목소리를 잃을 수도 있다는 두려움에 금기시되는 수술이기도
했다. 아무리 의학 기술이 발전하고는 있다지만, 타고난 성대가 전
부인 가수에게 성대 수술은 여전히 두려움의 대상이리라. 그래도,

더 이상 때를 놓칠 수는 없는 법, 그는 위험을 무릅쓰고 성대를 수술했고, 수개월간의 묵언수행과 재활의 시간을 견딘 끝에, 다행히 젊고 건강한 목소리를 얻게 되었다.

예순이 다 되어가는 나이에, 그는 스무 살 '부활' 시절의 노래를 원키로 소화 가능하다며 너스레를 떤다. 실제, 라이브는 예전보다 안정적이고 힘이 있다. 그러나 이승철의 트레이드마크라고 할 수 있는 가성은 예전만 못하다. 강함(Hard)을 얻는 대신, 부드러움(Soft)을 잃었다고 하면 큰 실례일까. 어쨌든, 그가 주특기를 잃은 것만은 분명해 보인다. 설령 하나를 얻고, 다른 하나를 잃는다 해도, 너무 슬퍼하거나 노여워할 필요는 없다. 이 또한 생각하기 나름이다. 한때 이승철은 가성이 전부라고 욕도 많이 먹었다. 나이 들고 고음이 안 올라가니, 가성으로 쉽게 노래한다고 말이다. 이제, 반전의 시간이다. 더 이상 에두르지 않고, 정면으로 감정을 표출할 수 있다. 되찾은 목소리로, 애이불비(哀而不悲: 슬프지만, 겉으로는 슬픔을 나타내지 않음)를 노래할 수 있게 됐다. 그리고 노력 여하에 따라 언젠가 이승철 특유의 가성을 다시 듣게 될지도 모른다. 그의 노력은 현재 진행형이라고 하니, 차분히 지켜볼 일이다.

별수 없이 안 보이는 눈으로 평생 살 줄 알았건만, 그사이 세상이 발전해 나도 개안(開眼)을 하고, 광명(光明)을 찾았다. 인생은 반전의 연속이다. 기왕 선명해진 시야를 얻게 된 오늘, 앞으로는 조금 더 선명하고 간결한 삶을 살기로 결심해 본다. 누굴 만나든 어느 무대에 서든 자신감을 잃지 않고, 생각대로 실천하는 베테랑 가수의

여유로움을 배워야겠다. 선명함과 여유로움은 양립(兩立)할 수 있
다.

음악은 음학이다
音樂　音學

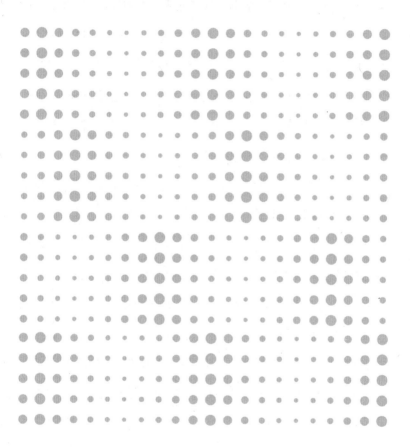

"왜 이제야 깨달았을까, 음악은 음학이 아니라는 것을"

언젠가 이승철이 정규앨범을 발표하면서 표지에 썼던 글이다.
일종의 넋두리이자, 앨범 제작 과정의 고통과 괴로웠던 심경을 풀어낸 표현 아닐까 싶다. 창작이 고통스러운 일임은 분명하지만 누가 등 떠밀어 시작한 것도 아니고, 본인 스스로 행복하고 풍요로운 인생을 살기 위해 선택한 직업이기에, 이제는 좀 더 과정을 즐겨야겠다는 다짐기도 하다. 그렇다. 보컬의 신, 라이브의 황제, 노래하기 위해 태어난 사람 같은 영예로운 호칭을 듣는 사람도 한계를 체감하는 것이 인생이다.

한때는 그가 마냥 부러웠고, 인생이 참 불공평하다는 생각이 가득했다. 남의 성공은 타고난 재능 탓, 나의 불행은 타고난 환경 탓으로 돌리기 일쑤였다. 운명은 정해진 것으로도 생각했다. 그러다 보면, 생각하는 대로 사는 게 아니라, 사는 대로 생각하게 된다. 내 인생의 가수에게도 시기와 질투를 갖는다면, 과연 누가 나의 행운과 성공을 바라겠는가. 환경 결정론자에게는 미래가 없다.

제레드 다이아몬드가 《총, 균, 쇠》를 통해 밝힌 것처럼 나고 자란 곳의 지리적, 환경적, 문명적 특성에 나의 미래가 달려 있다고까지 생각한 것은 아니다. 그러나 내가 부모로부터 전달받은 유전자, 타고난 성정, 그리고 경제적 뒷배경이 지금의 나를 있게 한 원천이라는 생각을 떨치기까지는 오랜 시간이 필요했다. 시간에 따른 좌절과 실패의 경험이 쌓일 때마다, 한계를 절감하곤 했다.

그러나 아인슈타인이 말했던 것처럼, 어제와 똑같은 오늘을 살면서 밝은 내일을 꿈꾸는 건 어불성설(語不成說)이다. 행동하지 않으면, 아무 일도 일어나지 않는다. 타고난 재능이 뛰어난 소수의 사람은 최고가 되기 위해 경쟁하지만 주특기를 발견하지 못한 채 평생을 사는 다수의 사람은 꾸준하고 성실하게 한 걸음씩 나아가는 것으로도 괜찮다. 콤플렉스 가질 필요 없다. 물론, 나 같은 평범한 갑남을녀(甲男乙女)들도, 앞서거니 뒤서거니 경쟁은 불가피하다. 그러나 1등이 되지 못한다고 큰일 나지는 않는다. 모두가 스포트라이트를 받을 필요도 없다. 단, 오늘보다 나은 내일을 바란다면, 가급적 긴 호흡으로, 자기 깜냥껏, 아니 그보다는 본인의 한계를 종종 느낄 정도의 노력을 기울이며 살 일이다. 그래야 뿌듯하다. 결과는 둘째다. 시행착오 자체가 중요하다. 시행착오도 40년이면, 잘하면 전설, 못해도 최소한 전문가 소리는 듣는다.

몇 년 전, 회사에서 힘겨운 일을 겪었다. 입사 후 15년 만에 처음으로 퇴사를 고민했다. 내 나이 30대 후반이었다. 당시에는 퇴직 이후의 삶은 나와는 상관없는 이야기인 줄로만 알았다. 문득 돌아보니, 난 회사라는 유리막 안에 갇혀 옴짝달싹하지 못하는, 길들여진 개구리의 처지나 다를 게 없었다. 매월 21일 회사로부터 받는 월급에 익숙해진 나머지, 월급쟁이 너머의 세계는 생각하지 못했다. 아니, 애써 고민하지 않았다고 하는 게 정확하다.

목구멍이 포도청이고, 아직 성인이 되려면 한참이 남은 아이들을 키워야 하기에 함부로 사표를 던질 수는 없었다. 설익은 계획으로는 아내에게 허락을 구하기도 어려웠다. 그래서 창업 대신 시작한 것이 투자, 공부(대학원 진학), 그리고 글쓰기다. 현실을 외면하지 않으면서도, 여태껏 유지해 온 '소비자'로의 삶이 아닌, 세상에 나의 흔적을 남기는 '생산자'가 되고 싶었다. 남의 이목을 신경 쓰고,

자존심도 높은 편인지라, 회사 업무도 소홀히 할 수는 없었다. 아니, 실은 밤잠을 줄여서라도, 회사 업무를 집에 가져가서 밤새우는 한이 있더라도, 기대 이상의 성과를 내려고 했다. 월급 도둑 이야기만큼은 듣기 싫었다.

물론, 모두 계획한 대로 이루어지지는 않았다. 투자라는 게 참 묘하다. 나한테 수익을 안겨주는 베팅은 투자가 되고, 내게 손실을 가져다주는 베팅은 사기가 된다. 내게 도움을 주는 기업인은 선인, 그게 아니면 악인으로 간주된다. 문제는 투자를 실행한 이후에는 내가 통제할 수 있는 일이 별로 없다는 점이다. 공은 투자받은 이에게 모두 넘어간다. 아무리 사업 아이디어가 뛰어나고, 성공을 확신하던 아이템도 숱한 외부 변수의 영향을 받는다. 화장실 갈 때와 나올 때가 다른 사람의 마음가짐 영향을 받기도 한다. 천사(Angel) 투자자로 임도 보고, 뽕도 따려던 나의 계획은 모두 수포로 돌아갔다.

그러나 공부와 글쓰기는 좀 다르다. 꾸준하고, 성실하게 하다 보면 결과를 낼 수 있다. 처음부터 끝까지 나 하기 나름이다. 꼭 자격증 따고, 학위 받고, 출간까지 해야 끝을 보는 것도 아니다. 사정이 허락하지 않으면, 수료나 자비출판, 그마저도 어렵다면 상황이 나아질 때까지 쉬어가는 방법도 있다. 손해 볼 일은 없다. 시행착오를 겪더라도 나의 창작물은 기록되고, 흔적을 남기기 때문이다. 이력서, 포트폴리오에 한 줄 추가하는 것은 생각보다 뿌듯하고, 성취감도 크다. 신발 끈을 다시 동여맬 동기부여도 된다. 내가 그랬다. 가다 서다 반복하기를 여러 차례, 나를 아끼는 사람들조차도 뭘 그리 피곤하게 사냐, 나이 들수록 욕심을 버려야 한다, 돈 안 되는 일에 힘 빼지 말라 등 온갖 부정적 이야기들을 했었다. 흔들렸고, 힘들었고, 게을렀지만, 그만두지는 않았다.

그렇게 7년이라는 시간이 흐르는 동안, 학술지 논문 몇 편과 석사·박사학위, 책 한 권을 출간했다. 이에 더해, 또 하나의 수필을 이렇게 마무리하고 있다. 한없이 서툴고 부족하지만 그건 중요하지 않다. 생각한 대로, 행동한 대로, 바라던 대로 목적을 달성했다는 게 중요하다. 소비자에서 생산자로 자리 이동을 한다는 건 차원이 다른 얘기다. 남의 잔치에 감 놓아라 배 놓아라 참견하고 비난하는 사람들이 많지만, 세상을 만들어 나가는 건 비평가가 아닌, 창작자다. 끝을 맺으면 후회가 없다. 잘되고 안되고는 나의 통제 밖에 있다. 어제와 다른 오늘을 맞이하는 것만으로도 기쁘다.

이승철 에세이도 사실 부끄러운 도전이었다. 중년의 나이에, 연예인을 향한 팬심을 만천하에 드러내는 일에는 용기가 필요하다. 집필 계획을 입 밖으로 꺼내면, 열 중 여덟은 콧방귀를 뀌거나 비웃었다. 그러나 힘들었던 시기 함께 청계산을 오르며 이 무모한 프로젝트에 고개를 끄덕여 준 나의 오랜 벗 중휘, 그리고 사랑하는 아내, 두 사람만은 계속해서 나를 지지했다. 이들 덕분에 끝을 볼 수 있었다. 아, 얼굴 한 번 본 적 없는 브런치 작가님들의 응원도 큰 힘이 됐다.

노래 제목에 맞는 에피소드와 소재들을 정리하느라, 글의 주제가 중구난방이다. 산만한 글임에도, 어렵사리 출간의 기회를 준 브레인스토어에 감사하다. 본래 수필(隨筆)이란 일정한 형식 없이 붓가는 대로 쓰는 글이기에 이런 에세이도 세상에 내보일 수 있다고 생각한다. 일류 작가가 쓴 양서(良書)는 아니어도, 이승철의 오랜 팬들과 음악을 사랑하는 사람들에게 추억과 향수를 불러일으킬 수 있을 것으로 기대한다. 자칭 기업금융 전문가인 나의 독특한 시각과 경험이 독자들에게 생각할 거리를 제공한다면 더할 나위 없겠다. 처음 기획안을 제출한 후로 1년 이상의 시간이 지났다. 어쩌면, 출판사의 작가 리스트에서 나는 지워졌던 이름일지도 모른다. 그래도, 결국에는 이렇게 나가는 글까지 쓰고 있으니, 참 신기한 일이다. 생생하게 꿈을 꾸니, 정말 이루어진다.

　음악(音樂)은 문자 그대로 즐기는 것이다. 영국의 수필가 조지프 애디슨은 음악에 대해 인간이 알고 있는 최고의 것, 그리고 천국이라고 표현했다. 그러나 사람의 삶이 마냥 행복한 것만은 아니다. 희로애락이 뒤섞인 채 한평생을 살아야 하는 게 인간의 운명이다. 민요, 재즈, R&B 모두 힘든 현실을 달래기 위한 음악이다. 록(Rock)은 현실을 타개하기 위한 외침이기도 하다. 음악을 평생의 업(業)으로 삼으려는 사람들은 화성, 리듬, 멜로디 3요소도 공부해야 한다. 무엇보다 살다 보면, 기쁠 때보다 슬플 때 더 음악을 찾게 된다. 그래서 음악을 마냥 즐길 수만은 없다. 40년 차 이승철도, 22년 차 요세프도, 이제 갓 입사한 청년인턴도, 음악으로 인생을 배운다. 이제 솔직히 인정할 때다. 음악(音樂)은 음학(音學)이다.

이승철과
나

초판 1쇄 펴낸 날 | 2025년 1월 24일

지은이 | 임요세프
펴낸이 | 홍정우
펴낸곳 | 브레인스토어

책임편집 | 김다니엘
편집진행 | 홍주미, 이은수, 박혜림
디자인 | 이예슬
마케팅 | 방경희

주소 | (03908) 서울시 마포구 월드컵북로 375, DMC이안상암1단지 2303호
전화 | (02)3275-2915~7
팩스 | (02)3275-2918
이메일 | brainstore@publishing.by-works.com
블로그 | https://blog.naver.com/brain_store
인스타그램 | https://instagram.com/brainstore_publishing

등록 | 2007년 11월 30일(제313-2007-000238호)

© 브레인스토어, 임요세프, 2025
ISBN 979-11-6978-046-9 (03670)